Pierre Maffait

Barndomserindringer fra Provence

Fra 1941 til 1951

© 2019 Pierre Maffait

Illustration : © Les Maffait
Forside : Mauricette Estran i 1980 © Pierre Maffait
Oversættelse: Pierre Maffait, Elsebeth Jonsson og google
gennemlæst: Jens Stephensen, Steen Svava Olsen og Anne Grete.
Kilde: Sylvette og Pierre Maffait,
Edition : BoD - Books on Demand
12/14 rond-point des Champs Elysées
75008 Paris
Imprimé par BoD – Books on Demand, Norderstedt
Dépôt légal :Mars 2020
ISBN : 9782322096374

Til mine børn og børnebørn og mine danske venner.

Indholdsfortegnelse

Forord

Jeg blev født i byen Valence i året 1941 under Anden Verdenskrig.

Min søster, min mor, min far og jeg boede i Bourg-lès-Valence i et lille hus ved Rhôneflodens bred.

Når luftalarmen gik med en øredøvende larm, som skar i ørerne, måtte vi gå over vejen for at komme i sikkerhed.
Ved hjælp af en lille båd måtte vi søge land på en af de utallige små øer, som lå i Rhônefloden.
Det var nemlig sådan, at der bag ved vores hus lå et støberi, hvor tyskerne fremstillede kanoner.
Det engelske flyvevåben forsøgte flere gange at bombe støberiet, hvilket medførte store skader på de omkringliggende bygninger.
Min mor fortalte mig, at fødeklinikken var blevet bombet en uge efter min fødsel, og alle, som befandt sig i klinikken, blev dræbt. På en uge nær ....

Jeg ønskede senere i livet at vise min hustru, hvor vi boede under krigen, men Rhôneflodens løb var blevet ændret i forbindelse med, at motorvej A7 blev anlagt.
Selve huset er væk nu, men vejen hedder stadig "Quai de la Verrerie" – glaspusterikajen – selvom der ikke længere er hverken kaj eller glaspusteri.

Efter sin studentereksamen indskrev min far sig på militærakademiet i byen Autun, et valg som blev ham anbefalet af min bedstemors bror, som var kaptajn i infanteriet.

Herefter specialiserede han sig i kampvogn og kom under uddannelse ved "Det 504. kavaleriregiment" i Valence.

Hestene var nu blevet udskiftet med kampvogne fra før Første Verdenskrig, og allerede i løbet af de første dage efter udbruddet af Anden Verdenskrig, d. 30. august 1939, tog han afsted med sin deling for at forsvare vore grænser i det nordøstlige Frankrig.

Min far til Højre

De første kampe var ret voldsomme, og adskillige kampvogne af typen R35, som var rykket frem i fjendtligt terræn, var blevet ødelagt af miner, og herefter måtte reddes, hvad reddes kunne.

Min far blev udpeget til at lede opgaven inde i selve Tyskland, og det skulle ske for næsen af tyskerne, og altså derfor nødvendigvis om natten.

Det tog 3 dage at tilbagelægge 10 km., og det lykkedes at få kampvognene på slæb og over på den rigtige side af grænsen - dog ikke uden at delingen blev udsat for angreb af kanoner kaliber 75.

Det var virkelig noget af en ilddåb.

Kort tid efter blev tropperne ved fronten reorganiseret, og min far og hans deling blev overført til tjeneste under oberst Charles de Gaulle, som var øverstbefalende for den 5. hærdeling.

Til trods for franskmændenes ihærdige indsats forsvarede fjenden sig og vandt terræn.

Efter adskillige måneders kampe forlod min far og hans deling det nordøstlige Frankrig og blev overført til Brest med tog, som også transporterede kampvogne og alt muligt andet materiel.

Det var et behov for kampvogne på en anden front, som nødvendiggjorde denne ændring, og infanteriet var udset til at være afløser for den nordøstlige front.

Efter en lang rejse kom tropper og kampvogne ombord på adskillige skibe med kurs mod Narvik for at støtte nordmændene i deres kamp.

Norge, som var blevet besat i begyndelsen af krigen i april 1940, forsvarede sig indædt for at forhindre tyskerne i at besætte havnen i Narvik.
Besættelsesmagten havde brug for havnen til at transportere jern fra Sverige ad søvejen til Tyskland og til fremstilling af våben.

Før krigen importerede tyskerne 40 % af hele den svenske jernproduktion, som så blev fragtet til Narvik

med jernbane, og landet havde et uomgængeligt behov
for jern til våbenfabrikationen.

På vej til Brest

Narvik var den eneste sikre isfrie havn i Nordsøen.
Både englændere og franskmænd sendte tropper i et
forsøg på at holde tyskerne tilbage - dog uden stort
held, 24.000 mand mod 5000 tyskere som holdt stand,
veltrænede som de var i krigsførelse og imod kulden.
De allierede forlod derefter slaget om Narvik for at
kæmpe i slaget om Frankrig.
Tyskerne genindtog Narvik og dens havn, som først blev
befriet d. 8. maj 1945.

To dage efter konvojens afgang blev den angrebet af
tyske skibe.

De tre forreste skibe blev beskadiget, og mandskab og tropper blev taget til fange.

De andre skibe, heriblandt min fars, kunne vende om og komme i havn igen.

I det forreste skib befandt sig en af min fars gymnasiekammerater, Joseph Piallat.

Han endte med at sidde i en fangelejr ved den russiske grænse i fem år.

I lejren mødte han sin kone, som også var fange, men hun var af russisk nationalitet, og efter befrielsen giftede han sig med hende, og de bosatte sig i den lille by Le Pegue, som ligger fire kilometer fra Montbrison.

Min far genfandt sin gamle kammerat i 1980, og så lærte vi alle Olga at kende. Olga, som efter 35 år i Frankrig, stadig talte et stort set uforståeligt fransk.

Men krigen var jo ikke slut, og kampvognene blev indsat i Somme, men her blev de af den tyske hær tvunget til tilbagetog.

Tyskerne var både bedre trænet og udstyret, og de havde bedre våben til deres rådighed.

Hærcheferne besluttede et tilbagetog.

Den franske hær, og med den min far, flygtede fra fjenden - dog samtidig med forsøgsvis at forsvare de vigtigste steder, fx Houssaye i Brie og derefter Fontainebleau og også Sully sur Loire.

Der var mange kampe, som medførte store tab, og de hårdeste kampe fandt sted, da de skulle krydse floden Loire.

Det tyske og italienske luftvåben bombarderede uden ophold kolonnerne af flygtninge, som havde måttet forlade både hjem og ejendele.

Alle disse mennesker skulle hjælpes over broerne, inden de blev sprængt i luften en efter en.

Hæren måtte også efterlade halvdelen af kampvognene, som var for langsomme, samt beskadigede lastbiler og især de mange soldater, som var blevet dræbt under kampene.

Da de ankom til Saint Yrieix i departementet Haute-Vienne fik min far og resten af hans deling meddelelse om, at Frankrig havde kapituleret.

VII° ARMÉE

24° CORPS D'ARMÉE

3° DIVISION LÉGÈRE D'INFANTERIE

CITATION à l'Ordre du Régiment

Le *Général Duchemin*

Commandant la 3° division Légère d'Infanterie

Cite à l'ordre du *Régiment*

Nom et prénoms *Mafait Roger*

Grade *Sergent* N° matricule 945

Jeune sous-officier, plein d'allant, au cours des attaques des 23 et 24 Mai a fait preuve de courage et de décision en réduisant rapidement les résistances ennemies permettant à l'Infanterie d'atteindre ses objectifs sans pertes.

EXTRAIT certifié conforme :

En campagne, le 25 Juin 1940   19

Le *Capitaine Bourguet* Commandant la 343° Cie autonome de Chars de Combat.

Min søster blev født i maj 1940.

Min far så hende først på sin første orlov, et år efter at han var taget til fronten.

Hæren blev opløst efter kapitulationen, og min far kunne så tage hjem d. 25. juni 1940.

Min far skulle nu finde et arbejde for at kunne underholde sin lille familie.

Han blev omdeler, og han blev derefter ansat på støberiet, som var blevet beslaglagt af tyskerne til fremstilling af kanoner.

Han forsvandt fra tid til anden, og engang kom han hjem med et våben og en tysk uniform, som han smed ned i septiktanken.

Min mor stillede ingen spørgsmål, og min søster og jeg forstod ingenting.

Min far har aldrig fortalt os om, hvad der skete for ham under krigen, hverken i denne krig eller de efterfølgende krige i Indokina eller i Algeriet, som han deltog i.

Måske var det for at beskytte os?

Det får vi aldrig at vide.

Efter våbenstilstanden blev Frankrigs hær gendannet, og min far sluttede sig igen til "Det 504. kavaleriregiment" i Valence.

Kampvognsregimentet blev nu langsomt reorganiseret. En del officerer og underofficerer var efter hærens opløsning blevet ansat i det civile liv.

I løbet af disse 5 år under krigen havde en del opnået en betryggende og stabil livsstil, og de ønskede ikke at vende tilbage til hæren for igen at tjene deres fædreland.

Men min far, som var karrieresoldat, vendte tilbage og meldte sig igen under fanerne.

Hærens gendannelse kom ikke til at foregå uden problemer.

Visse "maquisards" - modstandsfolk - og modige soldater uden uniform, havde oprettet deres egne militære hierarkier, og de definerede deres egne militære rangfølger, og de ville anerkendes som sådan.

Det skabte nogen polemik, idet disse undergrundssoldater, helte fra modstandsbevægelsen, havde jo bidraget til sejren.

Selvom nogle blev anerkendt og fik lov til at beholde den rang, som de havde fået tildelt af modstandsbevægelsen, var der andre, som benyttede sig af forholdene og sprang et par rangtrin over og pyntede sig med en rang, som de i realiteten ikke havde fortjent.

Regimenterne blev gendannet i hele Frankrig, men krigen var endnu ikke slut overalt i verden.

Vi boede til leje i vort lille hus med have ved Rhôneflodens bred, og da min far genindtrådte i hæren, fik han tildelt en bolig i Chabeuil, som ligger 10 km. nord for Valence.

Denne bygning husede officerer og underofficerer fra Det 504. Regiment, og det husede tillige dem fra et regiment fra luftvåbenet, hvis navn jeg ikke kan huske, men som havde base i Chabeuil.

På dette tidspunkt blev min mor kontaktet af Røde Kors, som ledte efter familier, som kunne tage sig af hårdt sårede fra krigen.

De havde bla. i deres varetægt en mand, som havde fået sat begge ben af, og som ingen familie havde.

Efter en del undersøgelser kontaktede de børnehjemmet, som havde taget sig af ham, da han var barn, og børnehjemmet kunne oplyse, at han havde en søster.

Efter endnu flere undersøgelser, og takket være vielsesattesterne, kunne Røde Kors finde frem til min mors adresse.

Vi modtog således nogle uger senere en mand uden ben, og han var vores onkel - altså vores mors bror.

Min mor og han havde ikke set hinanden siden børnehjemmet, men da hun havde et hjerte af guld, tog hun sig af ham.

Hun plejede ham, og hun lærte ham at gå med et træben og et kunstigt ben, som kunne bøjes, samtidig med at hun tog sig af sin egen lille familie.

Militærbolig i Chabeuil ved Valence

Hun gik frem og tilbage i gangen i huset med sin bror, mens hun støttede ham for at øve ham i at holde balancen, således at han kunne få kræfterne tilbage.

Han fortalte, at han nogle år tidligere havde sluttet sig til Fremmedlegionen.
Det var ved slaget ved Bir Hakeim i Libyen d. 12. juni 1942, at han mistede sine ben.
Midt i slaget, hvor han skulle hente mere ammunition, besluttede han sig for, sammen med en kammerat, at sætte sig bagerst i lastbilen, fordi de regnede med, at det var den forreste del af vognen, som ville blive sprængt, i tilfælde af at de stødte på en mine.

Men uheldet var ude, og ironisk nok kunne lastbilen ikke komme frem på den ødelagte vej. Den måtte så bakke, og i den forbindelse stødte den på en mine. Kammeraten døde på stedet, og min onkel mistede begge ben.

Nu boede vi således fem i lejligheden, som dog heldigvis havde flere værelser.

Min søster og jeg skiftede skole, da vi forlod Bourg-lès-Valence og flyttede til Chabeuil.
Vi fik hurtigt nye kammerater, da der boede mange børnefamilier i byggeriet.

I løbet af kort tid dannede vi en gruppe bestående af en hel flok små ballademagere, som var klar til at lave narrestreger.

Jeg husker bla., at vi fandt u eksploderede granater i den lille skov, som adskilte flyverkasernen og vores bygning.

En af os, en lidt ældre dreng, og måske nærmest lederen af vores lille bande, havde fået den gode idé at demontere granaterne og så tage krudtet ud og hælde det ud langs vejen og derefter sætte ild til.

Det gav en lang, brændende stribe, og vi syntes, at det var helt fantastisk.

En af ungerne i banden kunne imidlertid ikke holde på en hemmelighed, og han sladrede om det.

Nogle af forældrene blev rædselsslagne, og de forbød deres børn at lege udenfor, og en del af børnene fik en korporlig afstraffelse, som de sikkert stadig kan huske den dag i dag.

Vi blev i Chabeuil i lidt under to år, inden vi igen skulle flytte.

Mine forældre kunne ikke tage vores onkel med sig, da vi flyttede, så det blev en statslig institution, som tog sig af krigsinvaliderne, som herefter husede ham.

Min far drog med sit regiment til Tyskland sammen med de allierede tropper for at deltage i besættelsen af Tyskland.

Kort tid efter sluttede vi os til ham i Villingen i Schwarzwald, da hæren havde beslaglagt tyske boliger til familierne, som således kunne genforenes.

Det var godt for troppernes moral.

Jeg husker endnu landsbyskolen, som var blevet beslaglagt, og skolegården, som var delt i to afdelinger af pigtråd. Den ene side var til børn af besættelsesmagten, og den anden side var til de små tyskere.

De var dårligt klædt og ofte barfodede.

Vi blev undervist af en ung soldat, som sikkert engang havde været lærer i det civile liv.

Jeg har tænkt på, at besættelsesmagter, uanset deres nationalitet, ofte er eksperter i bytteforretning.

Den tyske befolkning, som var helt uden midler, byttede hvad som helst mod tøj, mad eller cigaretter.

Vi havde en hushjælp, som hed Ida, og jeg husker, at jeg fik et elektrisk tog, som min far havde byttet sig til ved hjælp af en karton "Troupes" cigaretter*.

Villingen i 1948   1947

En del tyske familier kunne forbedre deres vilkår takket være disse byttehandler, men måske blev de også udnyttet en del af besættelsesmagten.

Endnu en erindring, som jeg har, angår Den tyske Marks* devaluering.
Marken var nu intet værd.
De fleste butikker holdt derfor lukket for i det mindste ikke at sælge med tab, men ved at gå bagom kunne man altid købe noget, navnlig hvis man betalte i fremmed valuta.
Således lykkedes det for min mor at anskaffe sig et servicestel i sølv til 12 personer samt et ur, som prydede buffeten i vores spisestue i de følgende årtier, for hvad der svarede til 20 liter benzin.

Efter næsten to år i Tyskland blev min far forfremmet til en stilling i Krigsministeriet i Paris.

En af hans tidligere chefer fra kampen mod tyskerne var kaptajn, og han ville have min far som medarbejder, og far tog imod denne uventede udnævnelse.

Krigsministeriet lå på Place de la Concorde på hjørnet af Rue Royale, og på den modsatte side lå Marineministeriet.

Ministerierne er i dag flyttet andetsteds hen.

Til venstre Krigsministeriet til højre marineministeriet

Selvom det, som jeg nu vil fortælle, ikke skete på samme tidspunkt, får det mig til at huske på en lille anekdote fra min egen korte militærkarriere.

Algierkrigen var ved at blive afsluttet, og jeg var underofficer i "Det 501. kampvognsregiment", som havde til opgave at forsvare Paris.

Der blev givet ordre til øjeblikkelig afgang til forsvar for hovedstaden.

Det viste sig imidlertid, at ikke en eneste af de 60 kampvogne kunne starte, da de var blevet saboteret af tilhængere af statskuppet.

Alle batterier var blevet fjernet fra kampvognene i løbet af natten, og derfor kunne de ikke starte.

Det skal siges, at disse Patton-kampvogne havde brug for et lille batteri for at få startet en lille motor med navnet "LIttle Joe", som kunne sætte kampvognenes motor i gang.

Uden dette lille batteri kunne kampvognene ikke komme i krig.

Heldigvis kunne alle mandskabsbilerne køre.

Jeg befandt mig således med 12 mand på taget af Krigsministeriet, hvor min far tidligere havde arbejdet, og vi havde ordre til at skyde på alle faldskærmssoldater under kommando af en oprørsgeneral, som var tro mod general Salan.

Salan havde planer om at besætte de vigtigste steder i hovedstaden.

Heldigvis for os var de fly, som skulle transportere faldskærmssoldaterne, også blevet saboteret, men af soldater, som var tro mod general de Gaulle, og den eneste konsekvens af dette mislykkede statskup blev arrestationen af højtrangerede franske generaler og andre officerer.

Da vores familie ankom til Paris, var der ingen bolig at få.

Hele byen var ved at blive genopbygget, og hæren havde pligt til at skaffe tag over hovedet til sine tropper.

Efter et par måneder på hotel i udkanten af byen besluttede min far sig for at sende os ned til sine forældre som ejede en gård i Provence i landsbyen Montbrison-sur-Lèz.

Gården var tilstrækkelig stor til også at kunne huse os, indtil hæren kunne stille en bolig til rådighed.

Min bedstefar hed Maurice Charpenel.
Min bedstemor hed Alphonsine Maffait.

Min bedstemor blev født i Venterol i 1886, og hun giftede sig igen, efter at min rigtige bedstefar var død under et gasangreb under Første Verdenskrig.

Min rigtige bedstefar hed Jules-Martial Maffait, og han var også født i Venterol i 1886.

Min farmors nye mand, Maurice, havde aldrig adopteret min far, som derfor havde beholdt sit navn, som var Roger Maurice Camille Maffait.

Dette ophold på landet, som kunne minde om et ferieophold, skulle egentlig kun have varet i nogle måneder.

Men det kom til at vare i næsten to år - indtil 1950.

Le Péageon 1950

Min søster, Sylvette, blev født på gården "Le Péageon" d. 17. maj 1940, mens min far stadig var ved fronten.
Min mor, som derfor var alene, havde taget ophold på gården, indtil hun skulle føde, og hun blev der, indtil min far kom tilbage fra fronten.

Min bedstemor døde i 1951. Efter hendes død vendte vi tilbage til gården i skoleferien i 1952 for at passe bedstefar, som var alvorligt syg.

Min mor var gravid, og hun fødte min bror, Jacques, d. 26. august på hospitalet i Valreas.

Da skoleferien var slut, måtte vi rejse hjem igen.

Min bedstefar døde noget tid efter, og min far vendte tilbage til gården i forbindelse med begravelsen.

Dagen efter at min bedstefar, Maurice Charpenel, var blevet begravet, var der møde hos notaren i Taulignan.

Min far havde medbragt det håndskrevne testamente, som var underskrevet af afdøde, og som han omhyggeligt havde opbevaret i alle disse år, og ifølge hvilket han var udpeget til enearving.

Men hovsa !

Bedstefars bror, som var læge i Valréas, havde oprettet et nyt testamente, maskinskrevet og underskrevet af den døende.

Det hører med til historien, at bedstefar, som led af kræft i halsen, var under behandling med morfin - og han var blevet behandlet af sin bror, lægen.

Gjort arveløs og ydmyget ønskede min far, som var blevet så skuffet, aldrig at gense gården.

Kort tid efter drog min far afsted i tre år uden orlov til krigen i Indokina.

Og det varede så 20 år, før vi vendte tilbage til Provence.

Min søster havde set en annonce i bladet "Elle", om at skolen i Montbrison var til salg.
Vi besluttede os for at købe den, men desværre var den allerede solgt, da vi kom derned.

Som jeg har fortalt tidligere, flyttede min mor, min søster og jeg selv pga. boligmangel i Paris ned til mine bedsteforældreforældre som ejede gården "Le Péageon" i Provence i landsbyen Montbrison-sur-Lèz.

Det er især fra disse to år af vores ophold på gården, at jeg endnu har erindringer, og det er erindringer, som jeg - omend de er uden kronologisk rækkefølge - ønsker at dele med mine venner, min familie og især min bror og halvbror, som ikke har kendt til, hvad der skete i denne periode.

1940   *1943*

1948	*1947*

Ordforklaring:
*"Troupes": Cigaretter fra hæren, som blev uddelt gratis til alle aktive soldater.
Hver soldat fik 15 pakker cigaretter om måneden.
 *Mark/Deutschmark: Den tyske valutaenhed indtil indførelsen af Euro'en.

Min fars medaljer

Destillationsapparatet

Efteråret var godt på vej, og vinmarkerne havde fået flotte farver i gult og rødt, og vinden fik bladene til at vifte, så man fik indtryk af, at markerne bølgede.
Vinhøsten var overstået, og der faldt nu endelig ro over gården igen.

Sommeren havde været meget varm, og den havde efterladt sig meget tydelige spor i naturen. Grøftekanterne langs vejen, som førte hen til gården, var normalt grønne og fyldt med blomstrende vilde blomster; nu var de et sørgeligt syn.
Alt var gult og vissent, og alt afventede bedre tider.
Selv nerierne, som er den typiske blomst i Provence, og som indtager hæderspladsen i alle landsbyhaverne, havde byttet deres blomster ud med frøkapsler, som ligner bønner, og som indeholder frø, som Mistralen var begyndt strø ud i naturen.

Tærskemaskinen var kommet i slutningen af august, og et lag af støv lagde sig overalt, og det fik landskabet omkring gården til at se helt forskelligt ud, til stor glæde for høns og ænder som håbede at kunne finde nogle korn, når maskinen var i gang.
Tærskeværket kørte, og sækkene blev fyldt med korn.
Naturligvis kom naboerne forbi og gav en hjælpende hånd med hele dagen.

Bukkene og plankerne, som om vinteren blev brugt til at salte og tørre skinkerne på oppe på høloftet, blev sat op i skyggen i laden, klar til aftensmåltidet, som min mor og min bedstemor havde forberedt hele eftermiddagen, og som skulle være afslutningen på en lang arbejdsdag.

Alle var i godt humør, og alle havde historier at fortælle.

Vinen flød i rigelige mængder, og alle skulle smage på husets specialiteter, Maurices' skinke, bedstemors kirsebær i brændevin. Ingen kunne undslå sig.

Der var ikke noget, som hed sommerferie, hverken for min bedstefar Maurice eller for de omkringboende bønder.

Der hørte ca. 20 hektar vinmarker til gården "Le Péageon", beplantet med vin, som gav et ordentligt udbytte, som fx Aramon - ikke som i dag med ædle vinsorter.

Nogle hektarer var beplantet med lavendler, lidt hvede og lidt byg til dyrene, én hektar med trøffeltræer, som gav ca. 20 kg. trøfler i sæsonen, og som blev spist på stedet, for min bedstemor, som tidligere havde ejet restauranten "Au Rendezvous des Gourmets" i Montbrison, havde en veludviklet smag for den gode mad, og det kom os alle til gode - perlehøns og ænder med trøfler, trøffelomelet osv.

Derudover var Maurice den lykkelige ejer af et destillationsapparat til fremstilling af lavendelolie, kaldet en Alambic.

Det var en enorm maskine som stod på hjul, selvom den aldrig kom ud af laden.

Tre store røde kobberkedler med enorme låg skinnede i lyset.

Nedenunder var der et ildsted, hvor den tørrede lavendel blev afbrændt, og det var det, som sørgede for at få vandet til at koge.

En skov af rør gik i alle retninger og sluttede ved en lille hane, hvorfra resultatet af destillationen løb ned i et kar, hvor vand og olie skiltes på mirakuløs vis.

Vandet løb direkte ned i en lille bæk, som løb ud i åen Lèz, og som endte i havet.

Der lugtede af lavendel hele vejen til Middelhavet!

Efter d. 14. juli kom kærrerne kørende i rækker efter hinanden trukket af muldyr eller okser og læsset i to meters højde eller mere.

Trods min unge alder spurgte jeg mig selv, hvordan læssene dog kunne undgå at vælte, når man tænker på vejenes tilstand med knolde og huller. Der måtte da ligge bundter af lavendler langs vejene - men nej, kærrerne kom hele vejen uden at tabe et eneste bundt.

Teknikken var altid den samme. Oppe i kærren stod en mand med en greb, og han kastede bundterne hen til en anden, som så fyldte karrene.

Når karrene var fyldt, trampede de rundt i bundterne for at give plads til flere bundter, indtil karrene igen var fyldt til bristepunktet.

Herefter blev de enorme og tunge låg sat på plads, og karrene blev sat under tryk ved hjælp af vanddampe.

Når hele processen var overstået, skulle kobberkarrene tømmes, og det gik lidt hurtigere end at fylde dem, for i den forbindelse kunne man betjene sig af et manuelt hejseværk.

Ved at trække i nogle kæder kunne hele den brændende varme last af lavendler hejses op, og alle bundterne endte derefter i en stor og varmt duftende stak ved siden af destillationsapparatet.

Der var en stor fornøjelse for min storesøster og mig at klatre op i den varme stak og lade os glide helt ned.
Det duftede godt, og det var sjovt.
Engang imellem kunne man høre bedstefar skælde os ud, når vi gik i vejen for ham.
Han ville ikke have ansvaret for, at vi eventuelt kom til skade, eller at der skete en større ulykke.
Men det skete jo så alligevel en dag, hvor stakken var meget høj, og jeg ville rulle ned ad den i stedet for at rutche ned, som jeg plejede.
Jeg endte med at slå mig midt i panden på en af maskinens bolte.
Skrig og gråd og navnlig bebrejdelserne over for Maurice, fordi han dog ikke havde kunnet passe på, at hans barnebarn ikke kom til skade, og nu havde barnet jo blod i hele hovedet.
Jeg fik ikke skældud, for det var jo bedstefars fejl.
Jeg har i øvrigt den dag i dag arret i panden efter mødet med bolten.

Denne daglige strøm frem og tilbage af kærrer varede indtil slutningen af august, og for hver destillation mødtes mændene naturligvis i skyggen under pergolaen for at få en lille én.
Bedstefar var ikke smålig.

Han plejede at tage vandkanden og herefter gå gennem køkkenet for at komme ned i vinkælderen.

Her fyldte han vandkanden med vin fra den store tønde, som indeholdt "La Piquette" - en vin som han selv havde lavet, og som i øvrigt ikke havde nogen særlig høj alkoholprocent.

Når så vandkanden var fyldt, skænkede han hurtigt rundt, og vandkanden endte altid med at blive tømt.

Man var dengang ikke så bekymret for at skulle køre hjem, for mulddyrene kendte vejen, og hjemturen til gården gik uden uheld.

Man ser for sig bonden siddende på kanten af sin kærre med benene dinglende ud over siden, og ved siden af sig havde han i en Zink beholder den meget eftertragtede lavendelolie grundigt fastgjort.

Efter lavendelhøsten kom høsten af hvede.

Hveden skulle skæres med en selvbinder, som var trukket af heste lånt hos naboerne.

De store neg skulle samles op og sættes i stakke, som senere blev samlet i én stor stak med en mast i midten, afventende tærskeværket.

Sækkene med hvede blev stablet godt I laden.

En del skulle til Père Bertins mølle, en del skulle gemmes til såsæd, og resten skulle gå til foder til dyrene.

Når roen endelig igen faldt på, blev destillationsapparatets kobberkedler nøje renset og pudset, så de skinnede som en nyslået skilling.

Man kan spørge sig selv, hvorfor man gjorde det, eftersom de først skulle bruges igen året efter.

Herefter kom så vinhøsten i oktober.

Alt arbejde blev udført med håndkraft, og som det dengang var tradition i denne del af Provence, kom bønderne fra nabogårdene og hjalp til med høsten.

Når de var færdige her hos os, mødte alle op hos familien Estran, som var vores nærmeste naboer.

Ugen efter var det så hos familien Duc, og senere hos familien Barjavel.

Maurice havde et kæmpestort stenkar, og de bedste druer blev fyldt i dette kar.

Resten blev leveret til vingården "Monlahuc", hvor gårdejeren, ud over at være bonde, også var borgmester i Montbrison-sur-Lez.

Hjulpet af sine børnebørn trampede Maurice nu rundt i druerne i karret for at knuse dem og for at få saften ud af dem og derefter for at få druerne til at stige op af saften.

Druerne lagde sig ganske rigtigt på overfladen, og så gjaldt det om at få dem ned igen, for at gæringen kunne komme rigtigt i gang.

Vi børn trampede rundt med nøgne fødder og ben, men bedstefar beholdt sine bukser og sine *"Pataugas" på.

Han trampede rundt og blev våd helt op til bæltestedet.

For os børn var det nærmest en leg, men vi havde alligevel en følelse af at være en lille smule til nytte.

Når gæringen var overstået, skulle vinen tappes om, og så begyndte en formelig ballet frem og tilbage mellem karret og vinkælderen, for kælderen lå langt fra karret.

Alle, også kvinderne, bar den kosteligt væske i spande, og det hele endte i de store tønder i vinkælderen.

Hvor mange liter, der var, har jeg ingen anelse om, men det var meget.

Som det også er tilfældet i dag, var der ikke meget tilbage, når man nåede næste års vinhøst, og navnlig ikke tilstrækkeligt til at fylde tønden, som man lavede eddike i.

Man skal huske på, at folk på landet på den tid nærmest udelukkende drak vin som "La piquette".

Denne hjemmelavede vin holdt dog næppe mere end 9 -10 % alkohol.

Man skulle i øvrigt også beskænke de omrejsende handlende, som regelmæssigt kom forbi, og som fik kost og logi.

Der var navnlig én, som bar en hel manufakturhandel på ryggen.

Min bedstemor var en god kunde, for hun elskede kniplinger. Og det var min mor i øvrigt også, for hos ham fandt hun alt, hvad hun skulle bruge til at sy.

Fra vi blev født syede hun alt vores tøj, som vi havde på, indtil vores konfirmation - og endda ofte endnu længere.

Det, som herefter skete, når vinhøsten var overstået, foregik i al diskretion og for lukkede døre.

Resten af de gærede druer, som man kaldte "Le moût", tog bedstefar op af stenkarret med en greb, og herefter kørte han det i trillebøren hen til destillationsapparatet.

Det var en frem-og-tilbage-tur, som kunne tage hele eftermiddagen.

Efterhånden begyndte jeg at forstå, hvad der nu skulle ske.

Røgen, som atter steg op af skorstenen henne ved destillationsapparatet, beviste, at apparatet nu var i gang igen.

Nysgerrig, som alle børn jo er, kiggede jeg ind igennem porten, og jeg så bedstefar som omhyggeligt overvågede væsken, som løb dråbevis ned i en beholder, mens han mumlede anerkendende lyde, som jeg kunne høre - fx "uhm" og "jaaae".

Fuldstændig ulovligt var bedstefar i gang med at lave sin "Gnole". Det var brændevin.

Måske lavede han også noget til naboerne, hvem ved?

En dag kunne jeg høre bedstemor råbe højt "Maurice... gendarmer..."

Det var ganske rigtigt gendarmer fra Taulignan der som pligten bød, var på en runde i Montbrison, og som sædvanlig standsede de op på gården hos os.

Runden foregik på cykel, og gendarmerne gik hen for at sætte deres cykler ved siden af hønsegården, som lå 20 meter fra gården, og jeg tænkte: "Hvorfor gør de mon det"?

Efter at de havde sat sig til bords, gik Maurice hen og hentede sin vandkande og skænkede op til de brave gendarmer, som var blevet noget tørstige af cykelturen på fem kilometer.

De måtte jo komme til kræfter, inden de skulle vende hjem igen til politistationen, for da det var ned ad bakke mod Montbrison, så var det jo op ad bakke for dem at cykle tilbage.

Imens de blev beværtet, forsvandt bedstemor nogle øjeblikke, og hun kom så smilende tilbage.

Politifolkene hentede igen deres cykler, og de fortsatte videre på deres færd.

Der gik flere år, før jeg helt forstod, hvad det var, der foregik, og min mor forklarede mig det senere.

Mens Maurice skænkede op for betjentene, lagde bedstemor to flasker brændevin ned i deres cykeltasker.

Det var derfor, de havde stillet deres cykler så langt væk og helt ude af syne, for så var der jo ikke vidner til, hvad det var, der foregik.

Nej det var vel ikke vildt kriminelt, for livet på landet i 50'erne havde vænnet sig til, at visse tilstande under krigen blev videreført også efter krigen - byttehandel var helt normalt, og enhver måtte tilpasse sig for at overleve.

Fætre og kusiner fra byen kom fx ud på landet og drog hjem igen med skinker og pølser, som de så senere byttede væk for andre varer, som de manglede.

Betjentene var, som alle andre, i den samme situation, så også de byttede sig frem helt på samme måde.

Ordforklaring:

*Pataugas: Bøndernes skotøj.
*Gnole: Hjemmebrændt brændevin.

Hønsegården 1942   *Hønsegården 2018*

Selvbinder i 1948

39

Min vej til skole

Nu var det allerede oktober måned, og cikaderne var holdt op med at synge.
Sommeren var forbi og dermed også ferien.

Det var dog så som så med ferie, for på landet måtte alle hjælpe med i hverdagen - også børnene.
Børnene kunne fx passe gederne, give mad til hønsene og ænderne, hjælpe til i marken og deltage i mindre arbejdsopgaver.

Nu stod skoletaskerne klar. Alt er set efter, og der manglede ikke noget.
Skolen i Montbrison-sur-Lez var ikke helt som skolerne i de omkringliggende byer, for der var kun ét klasseværelse og kun én lærerinde.
De mindste stod opstillet i den venstre række, de mellemste i den midterste række og de store i den højre række.

Landsbyen Montbrison er meget udbredt geografisk med "centrum" langs med hovedvejen
Dette "centrum" bestod nærmest kun af en bistro, som var det eneste sted, hvor almindeligt dødelige kunne få sig en pastis lørdag aften med vennerne efter et parti

Lyonnaise, for Petanque var forbudt på denne boulebane. Man blandede ikke skidt og kanel!
Der lå også enkelte huse her.

Selve landsbyen lå længere væk og højere oppe med sin kirke, sit rådhus, sin skole og nogle gamle boliger.
Bag landsbyen, som næppe var mere end en lille samling huse, lå den gamle landsby med alle sine forladte huse, som nu var overgroet af efeu og brombær - et sandt paradis for vilde dyr og fugle.

Den gamle landsby havde uden tvivl været forladt i mange, mange år, for selv mine bedsteforældre kunne ikke huske, at den nogensinde havde været beboet.

Folk på egnen kaldte stedet "Gaile" eller "Les Gailes", og derfra gik der en sti op til udløberne af bjerget "La Lance", og som man kun kunne gå ad til fods eller komme frem til på æsel- eller muldyrryg.

Vi gik i øvrigt ad denne sti sammen med bedstemor, når geden skulle føres til bukken på en gård i nærheden.

Denne gård, som lå højt oppe med uhindret udsigt, tilhørte familien Vautour, ældre folk - det var i det mindste det jeg tænkte - men i virkeligheden var de nok ikke så gamle endda.

Det hårde liv og de lange arbejdsdage mærkede bønderne fysisk, og deres påklædning gjorde dem sandelig heller ikke yngre at se på.

Brune jernbanefløjlsbukser til manden med tilhørende sort skjorte, og til kvinden en lang, sort kjole delvis dækket af et forklæde i provencalsk mønster.

Dette tøj var helt sikkert ikke fra i går, og man gik i sit tøj, indtil det var slidt helt op.

For os børn var folk, som var ældre end vores forældre, "gamle".

Jeg har altid tænkt, at mine bedsteforældre var meget gamle, for sådan så de ud, men i virkeligheden døde min bedstemor kun 65 år gammel, så hun var dog stadig forholdsvis ung.

På pladsen i landsbyen, hvis man kan kalde den det, var der en kirke, som lå klods op ad skolen på den ene side og med rådhuset til den anden side.

På rådhuset boede Madame Julian, som bestyrede skolekantinen.

Det gik aldrig op for mig, om kantinebestyrerinden boede til leje på rådhuset, eller om det forholdt sig omvendt. Men det, jeg kan huske, er, at det var i sin spisestue, hun serverede et varmt måltid mad midt på dagen for de børn, som boede langt fra skolen.

Og der var suppe hver dag!

Hvis man ikke kunne lide suppen, så fik man den efterfølgende hovedret hældt op i suppen.

Når først man havde prøvet det et par gange, så fik man lært at spise suppen op!

En effcktiv metode var det, men jeg håber, at man er gået bort fra den i dag.

Et hundredårigt kastanjetræ kæmpede om pladsen med et lige så gammelt platantræ, og de gav tilsammen skygge til denne lille plads, som lå med en panoramaudsigt som tabte sig så langt øjet rakte over lavlandet, lavendelmarkerne, og langt i det fjerne kunne man tydeligt se Mont Ventoux.

Man skal huske på, at landsbyen lå i 543 m. højde over havet.

En del af pladsen var som en stort overdækket gård, hvor man kunne søge ly på regnfulde dage, men hvor man også kunne søge hen på meget varme dage, og hvor man kunne lade sig køle i skyggen og af den friske brise, som kom ind fra de tre åbne sider.

Ved siden af kirken var der en enorm klokke, en rest fra tidligere tider, støbt I 1875, og som ventede på sit klokketårn – og det venter den stadig på den dag i dag.

Klokken virkede godt, og man kunne høre den langvejs fra, når "Monsieur le Curé" kaldte på sin menighed.

Skolen bestod af ét stort klasseværelse med tre rækker pulte samt lærerindens kateder, og der var en mørk gang med en trappe, som ledte op til første sal og måske op til lærerindens lejlighed.

En dag kom præsten ind i klassen.

Han så sig godt omkring og kiggede på denne lille flok, og efter et øjeblik så han på mig og sagde: "Ham der kan jeg godt bruge".

Han manglede en messedreng til søndagsmessen, og han havde brug for en afløser.

Så jeg drog derhen den følgende søndag.

Præstens hushjælp gav mig en alt for lang, rød messehagel på. Den gik mig helt ned til fødderne, og jeg fik en kniplingskjole over.

Jeg var helt fortabt, og jeg vidste ikke, hvad jeg skulle gøre.

"Du skal bare gøre som de andre", sagde præsten.

Som sagt, så gjort. Jeg gjorde som de andre, men med flere sekunders forsinkelse, hvilket gav indtryk af en mangel på koordination, og det fik hele messen til at foregå noget langsommere end sædvanligt Jeg ved ikke, om man ligefrem kan kalde det en familietradition, men min far havde også været messedreng 30 år forinden og i den samme kirke og hos den samme præst, som i øvrigt også havde døbt ham.

Hver morgen forlod min søster Sylvette og jeg gården, efter at vores mor havde sikret sig, at vi var ordentligt klædt på.

Vi gik tidligt, for vejen til skolen var lang, og vi skulle være fremme klokken halv ni.
Der var dengang ikke noget som hed skolebus, og vi gik med skoletasken i hånden, for nutidens smarte rygsække med billeder af dagens superhelte var heller ikke opfundet endnu.

Vi gik i retning mod centrum mod bistroen. Det var ikke så langt, man kunne se den fra gården.

Vi gik over hovedvejen, som førte til byen Valréas, og vi slog en genvej ved at gå bagom vingården "Montlahuc", hvor vinen blev lavet.

Så kom vi ud på vejen til landsbyen Le Pegue, som vi ofte gik hen til sammen med vores mor for at komme til telefonboksen - den eneste telefon i landsbyen. Denne "Telephone Central", under postvæsenets ansvar, blev bestyret af madame Marie Louise Monier.

Det var via denne telefon, at vi havde den eneste mulighed for at komme i kontakt med vores far, som arbejdede i Krigsministeriet i Paris, og som kun kom for at besøge os én gang hver anden måned.

Grunden til, at vi boede på gården og ikke i Paris, var manglen på boliger i hovedstadsområdet efter krigen.

Vi blev på gården i to år, før det lykkedes min far at finde en bolig til os.

Ja, det var hårde tider for os alle.

Barjols og familien Robert Guérins hus.

Vi gik altså over vejen for derefter at følge stien, som løb foran de få huse i centrum og som førte hen til kirkegården.

Familien Barjol boede i det første hus.

I stueetagen var der en stald til gederne, som blev malket dér, og til gedekiddene, som blev slagtet til pinse.

En trappe førte op ovenpå, hvor familien boede.

Jeg har ofte fået fortalt historien om Père Barjol, som en dag begik sit livs fejltrin.

En aften, hvor han var kommet hjem fra marken, ville han tage sig en lille hjertestyrkning efter den sædvanlige suppe.

Over pejsen, som fungerede som komfur og samtidig leverede opvarmning, stod der flere små flasker, hvoraf den ene var med brændevin, og en anden med kaustisk soda, som man brugte i små mængder for at tage det beske af de grønne oliven, så de kunne spises.

Man lagde de grønne oliven i vand tilsat lidt kaustisk soda i fem-seks timer, så skyllede man dem i vand som blev skiftet rigtig mange gange.

Men den aften tog han fejl af flaskerne og bundede et glas gift.

Han døde ikke af det, men han led meget, for svælget var nu kun et stort hul, og hans kone måtte made ham med en tragt gennem en lille slange i spiserøret under halsen.

Vi syntes, det lød så uhyggeligt, at vi skyndte os forbi huset for ikke at risikere at møde ham.

Vi gik forbi det næste hus, som tilhørte Robert Guérin, - endnu ugift på det tidspunkt og flere år yngre end vores far.

Han havde gået på det samme gymnasium, "Roumanille" i Nyons, som vores far, som i øvrigt havde været kostelev dér fra 6. klasse til studentereksamen.

Det næste hus var en stor gård, og der var noget mærkeligt ved det sted.

Skodderne på facaden var altid lukket. De var lukket om morgenen, og de var lukket om aftenen - alle ugens dage.

Det var først senere i livet, at jeg fandt ud af, at skodderne var malet i "Trompe l'oeil", og at formålet var at pynte på denne store, triste facade, som altid lå i skygge.

Dekoration er altså ikke nogen nymodens opfindelse.

Vi gik videre i retning af kirkegården for at komme op på den asfalterede hovedvej, som førte til gudstjeneste, viden og administration - det vil sige til den rigtige landsby.

Det gik lidt stejlt opad, men for vores unge ben var det ikke noget problem.

Når vi nåede frem til skolen, måtte vi vente på de andre børn, inden vi kunne komme ind i klasseværelset.

Vi var ikke ret mange, men vi var nogenlunde ligeligt fordelt på tre rækker i klassen.

Jeg kan ikke huske noget om vores lærerinde, som vi kaldte madame Galland, heller ikke om hendes evner som underviser, men jeg husker tydeligt den dag, hvor jeg sikkert som sædvanligt skulle gøre mig bemærket, og hun straffede mig.

Straffen bestod i, at jeg blev lukket ind i et lille aflukket rum under trappen i totalt mørke i mere end en time og kun i selskab med edderkopper og deres spind og måske en skrækslagen mus eller to.

Denne straf var måske nok effektiv, men den var ikke særlig pædagogisk.

Efter denne straf var jeg mørkeræd til langt op i ungdomsårene.

Fra tid til anden mødtes vi på vejen med en anden elev fra en anden gård, og fulgtes sammen til skole.

Jeg husker ikke nøje af hvilken grund, men en dag kom jeg op at skændes med en anden dreng fra familien Béraud som boede i Béloure.

Vi skændtes og kom op at slås.

Min søster flygtede fra slagsmålet og fortsatte mod skolen.

Spark og slag måtte afgøre, hvem der var vinderen.

Slagsmålet sluttede, som Corneille siger i sin tragikomedie "Le Cid" (Sejrherren), "Kampen sluttede af mangel på kæmpere", for Claude havde bidt mig i bagdelen, og jeg løb, overvundet og grædende tilbage til gården.

Min mor, som hele livet gav sine børn ret, uanset striden, tog med selvfølgelighed mit parti.

Hun fik mig til at sætte skoletasken fra mig, tog mig i hånden, og så gik vi sammen til "Béloure".

Min mor, som ikke i sin vildeste fantasi kunne forestille sig, at nogle af hendes børn kunne have uret, gik straks i rette med Claudes far, som ikke helt forstod, hvad striden drejede sig om.

Ved hjælp af kraftige argumenter lod hun ham forstå, at det ikke ville slutte her og nu, og at hans søns brutalitet ville kunne få alvorlige følger for ham.

Dommen faldt på stedet, og afgørelsen var ubarmhjertig. De klagende drog bort med en erstatning, som begge parter var enedes om, nemlig en kæmpestor skinke fra den gris, som Père Béraud havde slagtet med henblik på julen.

Vi gik tilbage til gården med vores gevinst under armen, og den dag kom jeg ikke i skole, for jeg måtte pleje mit sår.

Jeg kan hverken huske nogle følger af denne episode, eller om det gjorde nogen forskel på mit forhold til Claude, men kort tid efter flyttede vi tilbage til Paris.

Jeg genså i øvrigt Claude 65 år senere, og han havde ingen erindring om affæren, og for mit vedkommende kan jeg sige, at såret ikke kan have været så alvorligt, for der er ikke det mindste spor efter det at se i dag.

Béloure: Et kvarter i Montbrison
La Lance: Bjerg på 900 m

Udsigt fra skolegården

Tordenvejret

D er skete altid noget på gården, selvom man godt engang imellem kunne føle sig lidt fortabt ved at være så langt ude på landet, midt ude i naturen og især langt fra byerne.

Fornøjelserne var ret begrænsede. Der var naturligvis ikke fjernsyn, og radioen havde vi børn ikke adgang til, for den stod højt oppe på en hylde, og selvom man stod op på en stol, var den stadigvæk for højt oppe, til at man kunne nå den.

Denne radio blev næsten udelukkende brugt, når de voksne skulle høre nyhederne, og når der var radiospil i de lange vinteraftener.

Når det regnede, eller når det var tordenvejr, søgte min søster og jeg ly i spisestuen, som på alle de andre gårde, kun blev brugt ved de store lejligheder som fx, bryllupper, dåb eller andre begivenheder.

Stuen var ikke opvarmet om vinteren, selvom der var en stor pejs.

Jeg har aldrig set, at der var tændt op i pejsen, og stuen kunne ind imellem være iskold.

I spisestuen var der dog, hvad i øvrigt var yderst sjældent så langt ude på landet og med en befolkning overvejende bestående af bønder, en kæmpestor reol fyldt med mange forskellige slags bøger.

Her kunne man finde samlede værker af Maupassant, Larmartine, Flaubert, Victor Hugo og mange andre.

Disse bøger kunne jo have været meget interessante i sig selv, men sandt at sige var det ikke dem, som tiltrak os mest i betragtning af vores unge alder.

Derimod var det nogle tunge og altomfattende bøger, som vi havde svært ved at få ned fra hylderne, så store som de var.

Under alle omstændigheder måtte vi op og stå på en stol for at få fat i dem.

Det, som interesserede mig mest, var den komplette udgave af Napoleons erobringstogter i 10 bind og desuden også den Franske Revolution i 6 bind - alle illustrerede.

Grunden til at denne skat befandt sig på gården, var bedstefar Charpenels forældre, som havde tre sønner. Den ene havde læst medicin, og han var læge i Valréas. Jeg ved ikke, hvad den anden søn havde studeret, men han ernærede sig som assurandør.

Maurice var selv begyndt at læse jura, og han var den eneste, som havde ønsket at drive gården videre efter forældrenes død.

Roumanille gymnasium i Nyons i 30 erne

Hverken jeg selv eller min far har nogensinde kendt de gamle Charpenel, men de må havde været belæste og velhavende for at kunne sende deres sønner på videregående uddannelser - og navnlig i helpension.

Jeg tænker, at det var Maurices' indflydelse, som resulterede i, at min far blev sendt på gymnasiet "Roumanille" i Nyons i helpension fra 6. klasse og indtil studentereksamen.

Han så kun gården i skoleferierne. Man havde dengang 5-dages uger. Der var ikke undervisning torsdag og søndag.

Min far havde lov til at forlade skolen for at besøge sine morforældre, som drev "Café de la Poste" i Venterol.

Der var syv km. at gå hver vej. La Route des Echirons var den korteste.

Café de la Poste i 1974

De ovennævnte bøger målte nok 30 cm. i højden, og de vejede ikke under et par kilo stykket.

Illustrationerne var talrige. Naturligvis var det ikke fotografier, men graveringer uden ætsning, raderinger eller kobbertryk.

Disse flotte bøger kunne dengang erstatte de tegneserier, som vi ikke havde, og som sikkert også ville have været langt mindre interessante.

Jeg hentede en bog og satte mig i det store køkken med bogen på bordet.

Jeg læste ikke meget i bogen, men jeg kiggede især på billederne.

Min søster gjorde sikkert det samme, hvis ikke hun ellers tyede til min mors skørter. Håndarbejde, som fx syning, det var for piger, mente man jo dengang.

I et hjørne af køkkenet havde min mor travlt med en sy opgave, som hun havde fået af Clementine, nabokonen.

Man måtte forkæle sine naboer, for min bedstefar, som ikke var så arbejdsvillig, havde bortforpagtet sine jorde, og det var naboerne, som dyrkede dem.

Ved at holde sig gode venner med naboerne var man mere sikker på, at de ikke snød os, når høsten skulle deles.

Det var såmænd ikke fordi, mine bedsteforældre mistænkte dem for at snyde, men det var ligesom en tradition dengang - at alle vogtede på alle.

Tiderne var vanskelige, og det gjaldt om ikke at komme på kant med nogen, hvis hjælp man måske selv ville få brug for en dag.

Bedstefar havde samlet gløderne og de forkullede træstykker og lagt nyt brænde i pejsen.

Han fik gang i ilden, og flammerne dansede kædedans.

Det var det eneste rum, som blev opvarmet, og som derfor var rart at være i.

Udenfor stod regnen ned i tove, som man sagde, og tordenvejret rumlede.

Jeg ved ikke hvorfor, men det er som om, at tordenvejr i Provence er voldsommere end andre steder. Det er jo ikke bevist, men barndomserindringer har måske også en tendens til at forstærke virkeligheden.

Udenfor var der ikke en levende sjæl, og hønsene, perlehønsene og alle de øvrige dyr havde søgt ly i hønsegården.

Gederne, grisene og muldyret var i staldene.

Et lyn glimtede pludselig stærkere, end de tidligere havde gjort, og det oplyste hele rummet, og i samme øjeblik lød der et tordenbrag, som fik hele huset til at ryste.

"Åh, for Søren" lød det som med én mund fra mine bedsteforældre.

En ildkugle slog ud fra hjørnet ved køkkenvasken, løb rundt om døren til vinkælderen, sprang over døren til trappen for så endelig at slå ned i den enlige radio, som opgav ånden på stedet.

Alle sad som lammede af overraskelse og måske også af angst.

Hvad var det, der var sket?

Lynet var slået ned i den eneste elektriske stikkontakt i rummet. Kontakten befandt sig netop ved siden af den enorme vask, som var hugget ud af en stenblok.

En ledning gik fra denne kontakt og løb langs væggen til vinkælderen, hen over døren og i en ret vinkel langs den anden væg henover trappen, for at den kunne tilsluttes radioen.

Ildkuglen havde fulgt ledningen med præcision.

Efter et øjebliks overraskelse gjaldt det om at få overblik over skaderne og at sikre sig, at der ikke var opstået ild andre steder i huset.

Vi havde en utrolig respekt for lyn, for bedstefar var ophavsmand til historier, hvoraf nogle måske var mere sande end andre, og han havde fortalt om flere mennesker på egnen, som var blevet ramt af lynet, og én af dem havde befundet sig kun hundrede meter herfra, og han var død på stedet.
Den dag var det pludselig slut med tidsfordriv; der måtte bringes orden i huset, og sporene af skaderne skulle udbedres.

Den følgende dag skinnede solen, og som sædvanlig kunne man ikke se, at det havde regnet.
Solen havde gjort sit arbejde, endnu inden vi var stået op.
Her og der prøvede nogle enkelte regnpytter at holde stand, og ænderne pjaskede fornøjet i dem, selvom den smule vand slet ikke kunne sammenlignes med en rigtig dam, som de havde kunnet svømme i.

Den dag fik vi to besøg på gården, hvilket hørte til sjældenhederne.
Den første besøgende ankom sent på formiddagen. Man kunne se ham komme langvejs fra, for vejen var lige som en lineal.

Man kunne navnlig høre ham: "Kaninskind, skind, kaninskind, skind" råbte han af fuld hals, og han gentog det, ligesom når nålen sidder fast i rillen på en grammofonplade.

Hans navn, eller rettere, hans øgenavn, var "Le Patéro".

Han drog fra gård til gård på sin trehjulede cykel, som var udstyret med en stor kasse bagpå, hvori han stuvede kaninskindene sammen.

Vores bedstemor gemte altid skindene fra de kaniner, som vi havde spist, for "Le Patéro" kom jo nok forbi før eller senere.

Efter at han havde fået stablet skindene i kassen, var hans næste ønske at få cigaretskoddene.

Min bedstefar, som røg meget, gemte cigaretskoddene specielt til ham.

Vi tømte askebægrene, og han sorterede dem med omhu. De længste landede i hans bukselomme til senere brug, og resten puttede han i munden. Ja da, han tyggede skrå.

Han spildte ikke tiden med at sortere skodderne, for alt var godt, både papir, aske og tobak, så det var da godt, at cigaretterne dengang var uden filter.

Og så drog han afsted igen, mens han råbte "Kaninskind, skind" hen mod den næste gård, mens han tyggede på denne blanding, som sikkert gav ham både glæde og vitalitet.

En forårsdag kom "Le Patéro" forbi d. 1. april.

Jeg, som altid var klar til at lave narrestreger, skyndte mig at klippe en fisk* ud af et stykke indpakningspapir med min mors saks.

Jeg lånte noget tråd og en nål af hende, og så ville jeg hænge fisken op på ryggen af mit offer.

Desværre for ham var det eneste tøj, han havde på, en gammel brugt jakke, ingen skjorte og ingen undertrøje, og jeg plantede derfor nålen lige i ryggen på ham.

Skriget fra ham ville sikkert have kunnet skræmme en hel flok damer i sort på en markedsdag i Valréas.

Jeg valgte et hurtigt tilbagetog som forsvar, og jeg gemte mig i hønsegården.

Sent på eftermiddagen fik vi endnu et besøg.

Det var nu ikke så overraskende, for "Le Père Donas" kom som regel forbi en gang om ugen.

Det foregik stort set på samme måde hver gang.

Han kom ind i køkkenet, satte sig ved bordet og afventede bedstefars ankomst, og bedstefar lod ikke vente på sig.

To glas og rødvin kom på bordet, og så skete der i øvrigt ikke andet, end at det så ud til, at de talte godt med hinanden.

De to mænd beholdt altid kasketterne på hovedet.

Jeg kan ikke huske, at jeg nogensinde har set dem barhovedet.

Mine bedsteforældre i deres Køkken med le Père Donas

Bedstefar havde kasketten på hovedet, når han spiste, og jeg spekulerer på, om han mon også sov med den på!

Det var ikke helt klart for os andre, hvad de to venner talte om, men deres samtaler varede i lang tid.

Nogle gange varede det helt til aftensmåltidet, og så satte min bedstemor en ekstra tallerken på bordet.

"Le Père Donas" havde en brun fløjlsjakke på med store lommer, hvorfra han hentede sin pibe og sin tobakspung. Og så stoppede han sin pibe.

Denne meget venlige mand havde deltaget i "Dardanellerne".

Jeg vidste ikke, hvad det betød, men jeg fik det bestemte indtryk, efter hvad han fortalte, at det havde været meget heltemodigt.

Min far forklarede mig det i korte træk, og meget senere var det i historietimerne, at lyset gik op for mig.

I en konflikt i begyndelsen af århundredet stod det Ottomanske rige over for England og Frankrig.

De allierede - Frankrig og England - havde til opgave at forsvare adgangen til Marmara-havet.

Slaget i 1915 resulterede i et nederlag for de allierede, og trods hjælp af tropper fra Australien og New Zealand vandt tyrkerne slaget, og de overlevende allierede tropper måtte trække sig tilbage til Egypten.

"Le Père Donas", som takket være krigen havde rejst meget i sin ungdom, kom regelmæssigt på besøg på gården. Han var lidt fyldig, da han ikke havde lavet meget fysisk arbejde, og her var han i modsætning til min bedstefar, som var slank af natur.

"Le Père Donas"' særkende var hans lange flonelsskærf, en "Chèche", som han havde haft med hjem fra slagene i Tyrkiet.

Dette bælte, som nok var 2-3 meter langt, bar han snoet rundt om livet.

Flere gange om dagen tog han det af, for så at tage det på igen ved at stramme det ordentligt til.

Det erstattede vist et korset mod ondt i ryggen, eller også var det bare for at varme ryggen, at han bar det.

Efter min mening var "Le Père Donas"' besøg egentlig bare en god undskyldning for, at han kunne få sig en lille en og spise aftensmad uden selv at skulle til lommerne.

Det gik aldrig op for mig, om han måske oprindelig var spanier, italiener eller af anden nationalitet.

Når bedstefar hældte op i hans glas, sagde "Le Père Donas" altid "Piano, Piano", men i stedet for at løfte glasset for at standse bedstefar i at hælde mere op, så sænkede han det, så han var sikker på, at det blev fyldt helt op.

Vi kom aldrig på besøg på hans gård, og vi kom aldrig indenfor hos ham.

Men om foråret smuttede min søster og jeg tværs over markerne for at komme helt tæt på, hvor han boede, for at plukke vilde pinseliljer.

Marken hældede, og den var dækket over flere hundrede meter med disse smukke blomster.

På afstand så det ud som om, at marken var dækket af sne foran os - tusinder af hvide blomster med gule prikker på en grøn baggrund.

Det gik aldrig op for os, hvorfor de voksede lige dér, og hvem som havde sået dem, men vi havde stor glæde af dem, og vi plukkede kæmpestore buketter, som vi gav til vores mor og vores bedstemor.

Måske var det en bonde, som havde læst "Manon og Kilden" af Marcel Pagnol, som havde fået den idé, som Ugolin i romanen fik, at dyrke blomster og derefter blive en velhavende mand. Hvem ved?

Père Donas hus

fisk: Aprilsnar hedder på fransk Poisson (fisk) d'avril.

Grisen

Hos bønder i hele den kristelige del af verden blev grisen, før jul, slagtet for at forsyne folk med proviant med henblik på at festligholde Kristi fødsel.

Hos os på "Peageon" var det naturligvis også tilfældet. Grisene gik ikke meget udenfor, og når de endelig kom ud, ofte lige efter regnen, tog det timer at få dem tilbage i svinestien.
Det meste af tiden forblev de indendørs i det skur, som stødte op til boligen.
Jo mindre, de bevægede sig, jo federe blev de, vidste man.

Ved siden af hoveddøren til køkkenet var der en fontæne, som løb konstant med den samme vandstrøm året rundt.
Det var rent vand, som næredes af en af gårdens kilder.
Jeg vidste ikke, hvor kilderne var, og jeg kan ikke huske, at jeg nogensinde så dem.
Sandsynligvis løb kilderne under jorden et eller andet sted på markerne.

På den vinkelrette side af gården var der en stor åben portal med et kig ind til en lade, eller et skur fyldt med alle mulig forskellige genstande.

De fleste af disse ting havde engang haft en nyttig funktion og på en bestemt tid også et nyttigt formål, men nu kunne de ikke længere anvendes til noget.

På gårdene smed man ikke noget ud, for man kunne jo få brug for det en skønne dag, mente man.

Man kunne her finde alt muligt udstyr til "Jardinière" (karret), tøjler, kraven til hesten, lanterner osv. osv.

Det var lang tid siden, at kærren havde været i brug, men den stod der, og den var stadig i god stand, opbevaret i et skur bag gården.

Sådan et sted, og kærren, var en god legeplads for os børn.

Min søster og jeg forestillede os, efter at vi have fundet noget gammelt tøj på loftet, som vi havde taget på, at vi var betydningsfulde mennesker, som sad i vores smukke kærre, som blev trukket af storslåede heste, og at vi kørte tur i de store byers parker.

Jeg tror bestemt, at inspirationen til vores lege kom fra biblioteket i spisestuen med de store illustrerede encyklopædiske bøger med billeder af sådanne imponerende kærrer.

Til højre, bag en ret lav dør, boede svinene i et ret stort rum.

Oven over dette rum boede kaninerne, og på modsatte side havde muldyret sit domæne.

Grisene blev fodret med alt, som var spiseligt.

La Jardiniere

Alt muligt blev brugt, fx de roer, som bedstemor kogte i den enorme støbejernsgryde, som blev kaldt "La Chaudière", og som blev blandet med avn for at forbedre grisenes almindelige hverdagskost - og især for at fede dem op.

Jeg kan huske, hvordan min bedstefar, min søster og jeg gik ned i urtehaven, som lå nedenfor gården.
En trillebør var nødvendig, for at vi kunne bringe alle de høstede grøntsager hjem.
Takket være kilden, som aldrig tørrede ud, fik frugttræer og grøntsager på markerne de helt idéelle vækst- og udviklingsbetingelser.

Hver række med grøntsager, hvad enten det drejede sig om grønne bønner, ærter, tomater, agurker eller andet, var alle plantet i en række som løb parallel med en lille gravet rende, som var omkring tyve centimeter dyb, og hvor vandet løb, og på sin vej efterlod det en lille mængde vand til planterne.

Opstrøms regulerede et lille bræt og en sten flowet.

Hver række havde sin egen rende, og jeg tror, at min bedstefar havde brugt lang tid på at konstruere dette overrislingssystem, som fungerede med tyngdekraften.

Bedstefar stod for melonerne - og de var mange!

Som en kender vidste han, hvordan man udvælger de bedste.

Efter at have samlet alle de grøntsager, som vores "kokke" havde bedt os om at samle, gik vi tilbage til gården, og bedstefar skubbede trillebøren hele vejen op ad skrænten.

Resten var et fast ritual: Bedstemor og min mor sorterede grøntsagerne, og bedstefar sorterede melonerne.

Vegetabilsk affald gik til kaniner og til kyllinger.

Med melonerne var det lidt anderledes - bedstefar smagte på dem, og han valgte 2 eller måske 3 til dessert.

De meloner, som ikke bestod smagsprøven, gik til svinene.

I løbet af en sæson kunne svinene have slugt mindst hundrede kilo meloner hver.

Min farmor og min far

Sommeren var gået, og efteråret var på vej.
Det var på tide at tænke på slagtning af grisen.
Det var nødvendigt at bestille den omrejsende slagter, som skulle komme til gården for at slagte og præparere svinekødet.

Som regel, i begyndelsen af december, ankom denne herre med alt sit værktøj.
Vi havde to grise af samme slags.
Døren til stalden blev åbnet, og ni gang ud af ti kunne de to grise gætte, hvad det var, som skulle ske med dem, og derfor stak de af.

En af dem skulle overleve, for vi kunne ikke bruge så meget kød på så kort tid, for vi havde jo hverken køleskab eller fryser til rådighed.

Den anden gris måtte så vente på, at det blev dens tur - måske til påske.

Så begyndte rodeoen!

Jo mere vi løb efter grisen og prøvede på at lede den til det provisoriske slagteri, jo længere væk flygtede den.

Når den så endelig var blevet træt, kunne vi komme i nærheden af den, og den blev fanget.

Der var blevet installeret et midlertidigt trug i skyggen under pergolaen, og grisen kunne vi så lægge på ryggen i dette trug, og der lå den så med sine fire ben i vejret.

Grisen vejede omkring 70 kilo, så der skulle flere mænd til holde den, for den kæmpede for sit liv og for at undslippe sin kommende død.

Og døden kom, for slagteren stak en kniv i halsen på den.

Det stakkels dyr skreg af smerte, da blodet flød ud og samledes i en stor balje.

Min søster og jeg løb væk, for vi var bange for at se på det, som skete med grisen.

På det tidspunkt havde Brigitte Bardot endnu ikke fået ændret lovgivningen om slagtning af dyr!

Vi opsamlede blodet, og vi lagde det til side for senere at kunne bruge det til at lave blodpølser af.

De kvinder, som hjalp med arbejdet, rørte konstant i blodet, for at det ikke skulle koagulere med det samme.

De tilsatte krydderier og små stykker fedt, før det senere blev fyldt i tarmene og herefter ventede det på den videre behandling i gruekedlen.

Derefter overhældte man grisen med 70° varmt vand. Det var meget vigtigt, for hvis vandet var under 70°, ville man ikke kunne hive hårene af grisen, og hvis det var varmere end det, ville det heller ikke være muligt.

Man var derfor nødt til kontinuerligt at overhælde grisen med vand med den rette temperatur og så samtidig skrabe hårene af med en kniv, indtil huden lignede en barnenumse.

Jeg spekulerer ofte på, hvordan de dog kunne kontrollere vandets temperatur uden et termometer, som de ikke havde dengang - de gjorde det måske med fingrene.

Min søster og jeg så det aldrig, for vi børn fik ikke lov til at nærme os ild og kogende vand.

Grisen blev derefter flyttet fra karret og ophængt ved bagbenene i 2 kroge og med hovedet nedad ved staldporten.

Slagteren kunne så begynde sit arbejde som ekspert.

Han tømte grisen for alle indvolde, mens de stadig var varme.

Han fjernede alle tarme, som blev tømt og renset med varmt vand, for senere skulle de bruges til fremstilling af pølser og blodpølse.

Det var herefter nødvendigt at vente på, at grisen blev afkølet, inden man kunne arbejde videre og fortsætte med at forberede charcuteri (pålæg).

Alle benyttede lejligheden til at holde en pause og til at drikke et glas vin.

"Alt er godt i grisen" siger man, og det er sandt.

Hjertet, leveren og lungerne blev brugt til at lave "Salmi" af.

Alle stykkerne fra denne del af grisen blev skåret i små terninger, kogt i eddikevand, skyllet og så kogt igen i en gryde. Salt, peber, hvidløg og persille blev tilsat, og retten skulle så simre videre i et stykke tid.

Det smagte meget godt!

Så skar slagteren skinkerne fra grisen og derefter skuldrene.

Resten af grisen blev lagt på et bord til den endelige udskæring.

Slagteren fjernede først mørbrad, som blev spist de følgende dage, og det samme gjorde han med ribben.

Rouellen blev adskilt fra skinken, og herefter blev den lagt til side til saltning sammen med bryststykke og bacon, som kunne opbevares i næsten et helt år.

Man brugte ca. to kilo salt pr. skinke.

Det foregik i bunden af en træbalje, hvor der blev lagt et lag salt, og skinken blev så lagt oven på dette saltlag.

Skinken blev gnedet grundigt med sprit, og derefter blev den dækket med et lag af salt.

Efter flere måneder blev den taget ud af saltlagen for så at ligge til tørre på et bræt oppe på loftet.
En sådan skinke kunne opbevares i et år.
Min søster og jeg skar ofte et lille stykke skinke af, for at berolige en lille sult, som vi kunne have midt på formiddagen.
Ingen bemærkede det - i det mindste det var det sådan, troede vi!

Alt andet fra grisen blev omdannet til pølser, paté og konserves.
Skindet, fedtet og alt kød, som kunne skæres fra benene, blev brugt til at fremstille "Murson", som er pølser så store og tykke som en arm, og kødet blev groft hakket.
Disse "Murson" blev serveret i supper.
Min søster og jeg var ikke særlig glade for den type pølser, for de indeholdt stykker af brusk, som var alt for hårde for vores tænder, og de kunne også indeholde de seje stykker af skindet.

Når kødet var hakket og puttet i tarmene, blev pølserne hængt til tørring.
Flere dage senere blev "Saucissons" rullet i mel eller knust peber, og de blev derefter hængt op igen, og de blev så konsumeret i løbet af året.

Noget af kødet blev blandet med lever, bacon, salt og peber og hakket, for derefter at blive drysset med en god kop hjemmelavet sprit - hvilket gjorde dem til de rene vidundere - inden det hele blev til patéer.

Noget af kødet, tilsat urter og spinat, blev pakket ind i fedtnet og omdannet til "Caillettes".
Alle disse blandinger blev hældt på glas, som blev godt lukket og derefter kogt i tre timer i gruekedlen, som var fyldt med kogende vand.

Det gav ikke kun et par krukker, da en gris som vejer 70 kg., jo indeholder utroligt meget kød.
Så vi fik snesevis af krukker, som først skulle skylles i varmt vand, inden de fyldtes, og man skulle især være

opmærksom på, at gummiringen var i god stand, og man skulle nøje kontrollere lukkesystemet.

Systemet var, at man først lagde et lag halm, derefter et lag krukker, så et lag halm og så videre. Det var nødvendigt, for at glaskrukkerne ikke skulle gå i stykker under kogningen.

Når dette var gjort, blev gruekedlen fyldt med vand og bragt i kog.

Det var en steriliseringsproces, som var helt afgørende, for dengang havde man jo hverken køleskab eller fryser, så vi brugte den tids midler, og det var salt, saumure (saltvand) og glaskrukker til konservering.

Vores bedstemor opbevarede sine æg i lerkrukker; det var æg, som skulle spises i den tid, hvor hønsene ikke lagde æg.

Hvis musene ikke havde spise pølserne, som hang ned fra loftet, kunne vi nyde dem, indtil slagtning af den næste gris forestod - og længere tid endnu.

Vi spiste aldrig oksekød, selvom vi kunne købe det på Valréas-markedet.

Det var naturligvis for dyrt, og vi havde også kød nok at spise fra gris og fjerkræ, og for slet at ikke at nævne jagtens udbytte.

Vi gik på markedet en gang om måneden, og det var min mor, som insisterede på det, da livet på gården godt kunne være lidt monotont for hende.

At tage på markedet var ret kompliceret.

Vil skulle først gå til familien "Duc", som boede på gården på den anden side af Beloure, og så derefter skulle vi køre med Abel.

Abel ejede en Peugeot 201 fra 30'erne.

Han drog regelmæssigt på markedet for at sælge nogle af sine landbrugsprodukter.

Han havde ikke travlt, når han kørte, for Abel ville ikke "presse sin bil", som han sagde, så de syv kilometer til markedet føltes som 50 kilometer.

Ingen måtte over for Abel klage over mangel på plads i bilen på vej til markedet, men det var så noget bedre, når vi kørte tilbage, efter at han havde solgt alle sine varer.

Der var naturligvis en busforbindelse mellem Montbrison og Valréas, men én bus om morgenen og kun én om aftenen var ikke praktisk for os.

Abel bad os om at bidrage til sine "transportomkostninger", som han formulerede det - og disse transportomkostninger omfattede både benzin, olie og dækslitage.

Abel havde allerede dengang opfundet samkørselsprincippet.

Jardiniere: Lille hestevogn med 4 sæder.
Saumure: 10 % saltvand til konservering af kød og oliven.

Market i Valréas

Vågeaften

Om sommeren var dagene lange, og vi havde travlt med forskellige gøremål, indtil solen gik ned.

Men om vinteren var det anderledes. Dagene blev kortere, og arbejdet måtte udføres, inden natten faldt på.

Husholdningsopgaverne forblev de samme året rundt. Hønsegården krævede ikke særligt meget arbejde, fordi kyllingerne, som blev fodret med en blanding af hårdkogte æg og brændenælder, havde fået vægt, og de var nu klar til at blive solgt eller spist.

Hønsene lagde ikke mange æg, og det øvrige fjerkræ blev spist i løbet af vinteren.

De dyr, som undslap gryden, skulle bruges til avl i det følgende forår.

Kun kalkunen blev forkælet, og den havde vores fulde opmærksomhed, fordi den gerne måtte tage lidt på inden jul.

Vinstokkene var blevet beskåret, og de lange skud, som vinstokkene havde sat i løbet af sommeren, blev samlet op, bundet i bundter og blev opbevaret tørt i stalden.

I løbet af vinteren ville de blive brugt til at tænde op med eller til at genoprette ilden i pejsen med, når den var ved at gå ud.

Bortset fra de frugttræer, som stadig kunne vente lidt endnu, så som træer med mandler og abrikoser, var markarbejdet begrænset.

På dette tidspunkt af året var det så tid til reparation og vedligeholdelse af landbrugsudstyret, og det var tiden, hvor de forskellige hegn blev set efter og vedligeholdt.

Men det var også jagtsæsonen, og man kunne håbe på, at bedstefar ville komme hjem med vildtposen fyldt, og at vores barbecuespyd ville komme til at dreje rundt inde i den store, åbne kamin.

Og naturligvis var de tre vintermåneder - december, januar og februar - identisk med trøfler.
Og nu var det tiden, hvor man kunne begynde at lede efter trøfler, og bedstefar gik ind i trøffelmarken med en lille hakke og med sin musette, som var fyldt med gode ting, som skulle bruges til at belønne "Pompone" - hans hund - med, når den havde opsnuset en trøffel, men også til at motivere hunden til at finde nogle flere.

Så begyndte også sæsonen, hvor vi fik farseret fjerkræ, og bedstemor brugte til disse retter trøfler helt hæmningsløst.

Om efteråret var det store vandbassin blevet tømt og rengjort.

Det ville senere blive fyldt med vand, som faldt ned fra himlen i løbet af vinteren, og derefter kunne det fungere som reservoir i tilfælde af, at kilden tørrede ud. Uden vand var der intet liv.

Vaskehuset fik tilført vand kontinuerligt fra kilden, hvilket gjorde det muligt at vaske linned med aske og derefter skylle det.
Asken fra kaminen blev nemlig brugt i forbindelse med tøjvask.
Vasketøjet blev lagt i kedlen med aske og vand, og så blev det kogt i timevis.
Herefter blev vasketøjet transporteret til vaskehuset, hvor det blev slået og skyllet af i det klare vand.

Om sommeren badede min søster og jeg inde i vaskehuset under opsyn af vores mor, og vaskeriet skiftede på den måde funktion, og det blev nærmest til en lille pool.

Livsrytmen var langsom.
Folk boede på dette tidspunkt af året stadig lige så meget udenfor som inde, og der kom fortsat smukke dage, selvom de var korte.
Vi børn kunne hente os nogle mandler, som bedstefars stang ikke havde nået at få raget ned.
De sidste brombær blev plukket på de vilde brombærbuske, som forsvarede sig med deres torne.
Og de gode brombær blev omdannet til syltetøj.

Aftensuppen var nu blevet tykkere og federe. Formodentlig var det, fordi kroppen havde brug for det for at komme igennem vinteren, inden foråret og vitaminerne kom igen.

En tradition, som ingen ønskede at stille spørgsmålstegn ved, var vågeaftenen.
Vågeaftenen er en tradition, som siden middelalderen har været forankret i rytmen i bondelivet i Provence.
Princippet var simpelt.
Vi tog "Fanau" (stormlampen), hvis flamme kunne modstå selv den mest vilde mistral, og hele familien vandrede ad en af de stier, som førte til en af de nærliggende gårde.
Nogle gange gik vi 2 kilomenter, andre gange gik vi 3 kilometer.

Engang var vi gået længere end "Gaille" ved foden af "La Lance" for at holde vågeaften sammen med Lydie Vigne, som havde været vores fars amme.
Hun var født i 1897.
Bedstemor, som dengang drev sin virksomhed, restauranten "Gourmeternes mødested", havde ikke tid til at amme sin eneste søn!

Det foregik altid efter aftensmaden. Vi tog varmt tøj på, og så var vi klar til at gå ud.

Ingen kiggede på uret, for tiden bestemte ikke noget.
Det var kun menneskelige relationer som talte, når det var vågeaften.

Ankommet til stedet, som vi besøgte, og efter omfavnelserne, sad alle rundt om bordet, og undertiden, når vejret var koldt, sad vi foran pejsen, hvor flammerne dansede i ildstedet og kastede vores skygger op på væggen.

Mændene talte med hinanden, og de havde et glas snaps i hånden.
Kvinder og børn fik noget varmt at drikke, fx linde-the eller noget andet.
Husets værtinde havde naturligvis brugt tiden om eftermiddagen til at lave kroketter og kiks, som var stillet frem til os.
De vigtigste gæster var bestemt børnene, inklusive min søster og mig.
På nogle gårde var der andre små børn som os, og vi kendte dem jo fra skolen, hvor vi plejede at lege sammen.
Men denne aften blev der ikke leget, for det var naturligt for børn at deltage i vågningen eller bare at lytte til de voksne.
Nogle kvinder tog deres håndarbejde frem, hvad enten det var strikning eller broderi, og diskussionerne gik godt.
Og man fik også nyheder om det, der var sket på egnen, fx at "den-og-den" var død, om pigens ægteskab

med nabosønnen, og at en eller anden havde fundet arbejde i en større by og tjent godt på det osv. osv.

Nyheder, eller sladder, gik fra gård til gård gennem disse aftener, og måske varierede historierne lidt, hver gang de blev fortalt.

Det skete også, at en mand fortalte om noget, han havde oplevet under krigen eller i sin ungdom, eller det kunne være en anden mand, som havde foretaget en tur til Lourdes for at se Jomfru Maria, og som nu fortalte sin historie. Der var altid flere nye historier.

Når der var for mange, som begyndte at gabe, især børnene, var det tegn på afgang.

Når vi forlod det varme rum, blev vi ofte konfronteret med Mistralen, som ikke tog hensyn til, at vi børn var i korte bukser og med bare ben.

"Ikke megen varme" sagde de voksne i kor, og så måtte vi gå den ene bag den anden og holde hinanden i hånden eller holde fast i tøjet på hinanden, da natten var mørk, og vi havde hun én lampe.

Det minder mig om maleriet af den berømte flamske maler Pieter Brueghel, den Ældre, med titlen "Den blinde fører de blinde". Vi måtte have set sådan ud!

"Den blinde fører de blinde"

Det kunne være koldt, når vinden blæste op, og vi var alle ivrige efter at komme hjem, så vi kunne få varmen igen.

Ankommet til gården fyldte bedstemor varmedunken med gløder fra pejsen, og så tog hun den med ind i vores senge.

Sådan et apparat var en fantastik opfindelse.

Den bestod af en kobbergryde med låg, og det var udstyret med et langt skaft som, efter at gløderne havde varmet gryden op, hurtigt blev ført ind under overlagnerne og skubbet frem og tilbage.

På den måde blev lagnerne allesammen varme, og det var en virkelig fornøjelse herefter at glide ned under lagnerne.

Disse natlige udflugter blev ikke overdrevet, men hver gård blev besøgt mindst en gang om vinteren, så alle besøgte hinanden.

Nogle familier havde stor fordel af disse aftener, hvor de kunne få hjælp af de besøgende.

En aften sorterede vi fx linser ved at sprede dem ud på bordet. Herefter fjernede vi en efter en de småsten, som var kommet med i bunken, og som jo ikke kunne spises, og især var de farlige for vores tænder.

En anden aften knækkede vi nødder for at samle kernerne, eller vi brød mandler for at få fat i deres kerner, som senere skulle bruges i nogle af de tretten desserter, som kom på bordet ved den provencalske julemiddag.

Ok ja, den jul havde min søster og jeg ventet på siden begyndelsen af december, og vi syntes, at dagene var meget, meget lange.

Det virkede for os, som om dagene blev længere, selvom solen jo sagde det modsatte.

Juleaftensdag var en dag som alle andre med de daglige opgaver, men den blev anderledes i løbet af aftenen. Sidst på eftermiddagen var bedstefar gået med sin racé i hånden - jeg ved ikke hvor - efter et træ, som lignede et grantræ.
Måske gik han til foden af "La Lance", eller andet sted. Han kom tilbage med et træ, som lignede et juletræ, men det havde nålene på spidsen af grenene.
I Haute Provence var der masser af fyrretræer af forskellig slags, men der var ingen grantræer.

Bedstemor hev en pose ud af linnedskabet. Den indeholdt julepynten.
Vores julepynt var ikke af den "sidste regn", som man siger i Provence, og den blev også brugt, dengang min far var barn.
Alligevel gjorde dekorationerne, når de var blevet hængt på træerne, deres arbejde.
Der fandtes ikke elektrisk lys i kæder dengang, og de små stearinlys sad fastspændt på træet ved hjælp af et lille metalspænde.
Vi måtte ikke tænde lysene i træet, før det sidste slag lød ved midnat, for julen er d. 25. december og ikke d. 24. december.

Aftensmåltidet var, som det var enhver anden dag, og efter måltidet måtte vi vente.

Denne ventetid var uendelig lang for os.

Naturligvis kunne vi d. 25. december så forvente os fest med kalkun fyldt med trøfler.

Omkring kl. 23 om aftenen hørte vi nogen banke på døren. Det var naboerne, som "tog os med på vejen" for at gå i kirke, hvor vi skulle deltage i midnatsmessen.

Her gik vi så afsted i procession. Min søster og jeg kendte vejen, for vi brugte den jo hver dag som skolevej.

Min mor og min far kom ikke med os, for de havde angiveligt noget andet at forberede derhjemme.

Bedstefar var ateist, og han satte ikke sine ben i kirken, men han ridsede paradoksalt nok et kors under det store brød, før han skar det.

Gammel vane måske!

Når vi nåede frem til kirken, ventede vi sammen med de øvrige kirkegængere på præstens ankomst.

Han kom gående op ad den stejle vej til kirken ledsaget af en hyrde, som bar et lam.

Andre mennesker, som deltog i processionen, holdt fakler løftet for at oplyse vejen til kirken.

Det mindede mere om et fakkeltog end om en religiøs procession.

Så hørte man lyden af fløjte og tamburin.

De to specielle provencalske musikinstrumenter blev betjent af en og samme person - tamburinen med højre hånd og fløjten med venstre hånd.

Præsten bar det store kors, som man også brugte og bar forrest ved begravelsesoptog.

Min far fortalte mig, at da han var kirkedreng, var det ham, som bar korset.

Fra kirkegården og til kirken var der 300 meter, og korset, som var mere end en meter højt, var meget tungt.

Alle de fremmødte mennesker gik ind i kirken efterfulgt af min søster og mig.

Ved siden af alteret optrådte nogle lokale folk i traditionelt tøj og agerede folkeliv ved krybben.

Jomfru Maria og Joseph blev spillet af et par unge bønder fra landsbyen.

Jesusbarnet var ikke et levende barn, så Jesus blev spillet af en plasticdukke.

Lidt efter kom hyrden for at tilbyde Jesusbarnet lammet - det sidst fødte.

Det blev lagt ved siden af barnet. Et helt ritual var det, men med forbløffende inderlighed.

Oven over denne levende krybbe hang en papstjerne under lysekronen. Den skulle repræsentere julestjernen, som førte de tre vise mænd til krybben i Betlehem.

Alle sang "Han blev født, det guddommelige barn, lad os alle synge hans eventyr" - en sang, som alle katolikker kender godt, fordi den synges år efter år i enhver kirke i Frankrig.

Herefter blev der bedt nogle bønner, en seance, som min søster og jeg fandt uendelig, vel vidende, at vi ikke ville få vores gaver, før vi kom hjem.

Alle deltagerne gik derefter udenfor!

Lygterne blev tændt igen, og vi skyndte os hjem for at få varmen igen.

Da vi kom hjem, kunne vi se, at på det store køkkenbord stod et stort fad med tretten desserter!

Det er også en provencalsk tradition, som lokalbefolkningen dyrkede.

Det er en dessert til deling blandt alle.

Der er kun ét stort fad, hvorfra alle tilstedeværende tager for sig af retterne.

Fadet skal ifølge traditionen stå 3 dage på bordet, og der serveres fra det for første gang lige efter midnatsmessen.

Blandt disse desserter var der figner, mandler, rosiner, valnødder, dadler, hvid nougat og sort nougat, kvæde, kandiseret frugt, orange eller mandarin, tørrede abrikoser, Fougasse og Calissons d'Aix.

Et år måtte vi dog undvære Calissons, da den omrejsende købmand, som kun kom forbi en gang om ugen, havde udsolgt, og det samme var tilfældet med sort nougat.

Når jeg tænker på den rejsende købmand, kommer jeg til at huske på en lille detalje.
Hans køretøj havde han selv bygget.
På siden kunne han åbne en stor luge, som gav adgang til varerne. Men nedenunder var der en anden luge, som gav ham adgang til et stort bur.
Faktisk købte han kaniner af nogle af sine kunder, som han så solgte videre til nogle andre. De var i buret.

Men desserterne var ikke det vigtigste. Vi var mere Interesseret i gaver.
Vi var nødt til at tænde lysene først, og vi var nødt til at gå udenfor med vores mor for at holde øje med skorstenen, gennem hvilken julemanden jo kom ned.
Jeg tror ikke, vi lod os narre, men det var på sin plads at få vores forældre til at tro, at vi stadig troede på det.
Min søster og jeg havde vores egen idé om, hvor gaverne var skjult, nemlig bag spisestuens dør. Døren var altid lukket, og inde bag den var der et vægskab, hvor brødet normalt blev opbevaret.
Bageren kom kun én gang om ugen, og de store brød, han havde med, kunne holde sig bedre, end det er tilfældet med brød i vore dage.

Endelig, da vi kom ind i køkkenet, hvor juleceremonien fandt sted, så vi vores gaver, samtidig med at vi varmede vores hænder, som var blevet kolde, mens vi ventede udenfor.

Gaverne kom fra Paris, og det var selvfølgelig vores far, som havde dem med.

Gaverne var ikke omfangsrige, fordi turen blev gjort med tog og med bus.

Et år fik jeg min første "Meccano", og fra dette år og i årene frem var det næsten en tradition, at mit "Meccano" blev suppleret til jul.

Min søster fik som forventet en dukke og nogle stykker stof, som min mor så kunne sy nyt tøj af til dukken.

Den anden gave var en pakke "Papillotter", som bestod af små chokolader pakket ind i festligt og koloreret papir.

Når man trak i papiret fra begge sider, sagde det "Bang" ligesom med vore dages nytårsknallerter.

De voksne fik ikke gaver, som det jo er kutyme i vore dage.

Efter at have smagt de tretten desserter gik vi mætte og trætte ovenpå for at sove og drømme søde drømme.

leksikon

I henhold til de hellige tekster havde ingredienserne, som udgjorde de tretten desserter, en betydning.
De tørrede figner repræsenterede franciskanerne.
Mandlerne repræsenterede karmeliterne.
Rosinerne repræsenterede dominikanerne.
Nødderne repræsenterede augustinere.
Dadlerne var symbolet på Kristus ved hans fødested.
Den hvide nougat repræsenterede renheden, og den sorte ondskabens kræfter og for nogle også djævlen.

Racé: En lille håndsav, som blev brugt til beskæring af frugttræer.

De tretten desserter

At spise for at leve.

Livet på landet lige efter krigen havde sine ubestridelige fordele, fordi vi altid kunne spise, til vi blev mætte.

Jeg kan, på trods af min unge alder, huske, dengang vi stadig boede i Bourg-lès-Valence.

Det var ikke altid muligt, under den tyske besættelse at besøge bedsteforældrene, hvis vi ville hente nogle skinker og pølser.

Min mor drog afsted med en topersoners barnevogn og med min søster og mig i vognen.

Hun krydsede Rhône-floden via en bro, som var 200 meter fra hjemmet for at gå til Ardeche, for der at finde mad, uden at hun skulle bruge sine rationeringsmærker.

Sådan var det under krigen. De fleste almindelige fornødenheder, herunder mad, var rationeret på grund af varemangel.

Hun gik så med barnevognen mere end 10 kilometer for på gårdene at kunne finde produkter som smør, olie eller mel.

1942 *1944*

Maj 1941
200 g
Bl. Sæbe el.Vaskepulv.
eller 75 g Sæbespaaner
eller 100 g Sæbe i Stang-
eller Blokform

⊗ Gyldig fra 27. Maj 1941
⊗ **250 g SMØR**
⊗ eller – i Forbindelse med
særligt Mærke – Margarine

Dette Mærke giver i
MAJ 1941
Ret til Køb af
½ kg SUKKER

I efteråret, stadig i Ardeche, hentede hun kastanjer, som var blevet blæst ned på jorden af vinden fra nord, og hun kom tilbage med sin dyrebare skat ved at skubbe eller trække denne klapvogn med os oven i.

Og så lavede hun kastagnemos, som måske nok manglede lidt sukker, men det var en fest de dage.

Efter krigen blev min far, som igen var blevet soldat, sendt til Tyskland for at sige tak for sidst til tyskerne, dvs. at besætte Tyskland.

Vi opholdt os to år i Villingen, og selvom maden var sparsom, var vi trods alt tilfredse med denne ordning.

Vi måtte dog vente på, at vi kunne vende tilbage til Frankrig og til vores ophold hos vores bedsteforældre, hvor vi igen kunne nyde glæden ved madlavning uden nogen begrænsninger.

Gården havde tre steder, som var fyldt med gode sager.

Først og fremmest var der hønsehuset, som lå få meter fra gården - et lille hus i to etager, hvor kyllinger, perlehøns, ænder og kalkuner var indlogeret.

Herudover var der kaninburene ved siden af destilleriet, hvor bedstemor havde 20 bure med intensivt opdræt.

Endelig var der stalden, hvor gederne, grisene og muldyret boede.

Le Péageon 1980

I et stort rum over svinestalden huserede et væld af kaniner af begge køn, og de levede dér et guddommeligt liv sammen, så de kunne levere det nødvendige afkom, som kunne fylde de 20 kaninbure.

Vi behøvede ikke at gå langt for at plukke estragon, timian, laurbær og rosmarin.

Så alt i alt havde vi det nødvendige råmateriale, til at man kunne bespise gårdens indbyggere.
Bedstemor og bedstefar havde naturligvis kusiner og andre familiemedlemmer som ind imellem kom for frit at kunne få fyldt deres tasker med proviant til flere måneder.

Maurices brors bil   *Marcels motorcykel*

Jeg kan i den sammenhæng huske to episoder.
Bedstefars bror, som boede i Roman nær Valence, kom
i sin bil, som havde en stort bagagerum.

Det var værd at køre en strækning på 100 kilometer for
at kunne fylde bilen.

Motorvejen var ikke engang planlagt dengang, og han
måtte derfor krydse bakker og bjerge langs ruten for at
nå frem.

Bagagerummet blev hurtigt fyldt med grøntsager,
skinker, pølser, peberfrugter og meget andet godt.

På bagsædet i køretøjet blev, i stedet for passagerer,
lagt kyllinger og kaniner med fødderne behørigt bundet
sammen.

Og så var der naturligvis stadig plads til friske æg, vinflasker og nogle flasker snaps.

Den anden episode er mere sjov.
Fætteren fra Venterol, på min bedstemors side, Marcel Ours, som var en høj fyr på 1,80 meter, ankom på sin motorcykel med sidevogn.
Der var ingen passagerer i sidevognen, for den skulle jo bruges til at transportere varerne i.
Selv havde han en stor have i Venterol, men han havde ingen gård.
Han kom op ad formiddagen, og han havde god tid til at udvælge sit fjerkræ, hvis ben måtte bindes sammen, så dyrene kunne transporteres forsvarligt. Alt var fint.
Efter at have fået sit fjerkræ blev han til frokost. Bedstefar, som ikke kendte til ordet "sparsomt", serverede megen vin.
Efter måltidet fik de sig en kop cikorie efterfulgt af den hjemmelavede snaps, og det var naturligvis nødvendigt at smage på det hele for ikke at skuffe bedstefar.
Sidst på eftermiddagen skulle han så afsted hjem igen med sin last.
Senere på aftenen beordrede Pere Barjavel sit muldyr at stoppe, da han passerede vores gård, hvilket han i øvrigt gjorde næsten hver dag.
Han sagde så til bedstefar, "Er det ikke din fætter Marcel's motorcykel, som er parkeret i kanten af vinmarken lige før værthuset i "Le Centre"? ".

Vi skyndte os derhen. Motorcyklen holdt der ganske rigtigt og med hønsene som passagerer i sidevognen, men ingen perlehøns kunne vi se.

Jamen hvor var Marcel?

Vi råbte efter ham, og til sidst fandt vi ham liggende i dyb søvn under en vinstok.

"Men hvad er der dog gået galt "? sagde bedstefar. Meget forbløffet svarede Marcel: "Perlehønsene flygtede ud i vinmarken, og jeg løb efter dem. Jeg kunne ikke fange dem, og de flygter stadig et sted derude".

Han havde lagt sig til hvile for at genfinde den styrke, som han havde mistet ved at løbe gennem vinmarkerne, og så var han faldet i søvn - måske var en af grundene også bedstefars snaps.

Han kørte herefter tilbage til Venterol, hvor han, som vi senere fik at vide, ankom ganske uskadt.

For nu at vende tilbage til hønsehuset, så husker jeg, at jeg en dag var blevet træt af at spille "Knucklebumps" eller dam, som det hedder på dansk, og jeg måtte derfor finde på noget andet at lave.

Jeg havde i skuret set et gammelt cykelhjul uden dæk. Jeg kunne ikke se for mig bedstefar på en cykel, så det måtte have været min far, som havde været den tidligere ejer.

Så jeg fik en ide!

To bukke, to planker, cykelhjulet fastgjort på hønsehusets væg med jerntråd, numre fra 1 til 10 tegnet på et stykke karton og fastgjort med tøjklemmer på egerne, og her havde jeg så et lykkehjul!

Jeg havde set det til byfesten i landsbyen, og jeg manglede blot at tegne de samme numre på mit bræt, hvor indsatserne skulle gøres.

En tøjklemme med et stykke pap skulle lave den støj, som alle forventer af et lykkehjul, og som skulle bremse hjulets fart for at stoppe ved et tal.

En pil angav det vindende tal.

Alt, hvad der manglede, var de præmier, som kunne vindes.

Og det var lidt mere kompliceret. På tåspidser listede jeg ind i spisekammeret, og hér fandt jeg løsningen - bla. kvædegelé - som bedstemor havde lavet sidste efterår. Men jeg fandt også andre gode præmier.

Så i små glas, som jeg fandt i køkkenet, fyldte jeg Maurices' druer i cognac og nogle "Kroquetter" fra Vinsobres, som min mor havde købt, sidste gang vi var på Valréas-markedet, og til sidst, og ikke at forglemme, de små lilla hvidløg - de bedste af dem alle.

Nu var det så tiden at vente på kunderne.

Den første kunde var min mor, som smilede ved at se, hvad hendes eneste søn, som samtidig var hendes yndlingssøn, dog var i stand til at finde på.

Satsningen var nogle centimer, svarende til nogle få øre i dansk mønt.

Hjulet roterede, og den første kunde vandt ikke noget.
Den anden var bedstemor, og hun gik også tomhændet derfra. Det var ikke deres heldige dag!
Men til gengæld var centimerne nu placeret et sikkert sted, nemlig i min bukselomme.
Postbuddet, som for en gangs skyld bragte en pakke til huset, blev også fristet, dog uden succes.
Det var kun Père Barjavel, som var heldig, og han spiste druerne og drak snapsen.

Men "Lad os vende tilbage til vores får," som de siger her i Provence!
Dvs. lad os vende tilbage til dette kapitel som handler om mad.

Der var kød ved næsten alle måltider, uanset om det var fjerkræ eller hjemmelavet charcuteri, som vi tit fandt i suppen i form af pølser eller fedt.
Min bedstemor havde drevet en restaurant: "Le rendez- vous des gourmets".
Hun vidste, hvordan man lavede god mad.
Min mor blev som forældreløs i 14-årsalderen anbragt på "Crest Castle" som kokkeelev, men senere måtte hun gå i syerskebranchen for at imødekomme den nationale efterspørgsel efter tøj og klæder.

Så vi havde på gården, når det drejer sig om at forestå, hvad der er god madlavning, alle odds på vores side.

104

"Le rendez - vous - des gourmets »

Der var flere metoder at tage i brug, når man skulle fange og slå fjerkræ ihjel.

For kaninernes vedkommende fangede vi dem i de små bure, for det var lettere end i det store kaninbur i stalden.

Det var bedstemor, som slog dem ihjel, for min mor ikke havde mod til den slags arbejde.

Kaninen modtog derfor "nakkestødet".

Hun holdt den i bagbenene, tog kagerullen og slog kaninen i baghovedet, og straks derefter, ved hjælp af en kniv, rev hun øjet ud, for at få blodet til at løbe ud, for det blev nemlig brugt til fremstilling af saucen i hendes kaninragout, som hun var ekspert i at lave.

Perlehønsenes skrig lød, som om de skreg "Hvorfor, Hvorfor, Hvorfor", og spottende søgte de 9 gange ud af 10 tilflugt på hønsehusets tag.

Normalt blev perlehøns stranguleret.

De blev hængt op i en snor ved dørhåndtaget, og så lod man dem kæmpe, til de døde.

Engang, hvor alle var trætte af at løbe rundt efter en perlehøne, hentede bedstefar sin bøsse, og "Bang" ! - perlehønen var klar til gryden.

Kødet blev dog mindre rødt på denne måde, og det var fyldt med blykugler.

Med ænderne var det en anden sag!

De løb meget hurtigere, end vi kunne forestille os, men når vi først fik vi fat på dem, var den eneste sikre metode "Guillotinen".

Metoden var sikkert inspireret af den franske revolution i 1789, og den var effektiv som den.

Hovedet på blokken og med en økse blev hovedet hugget af.

Det sjove ved den aflivning, hvis man da kan sige det sådan, var, at anden løb rundt uden hoved og uden nogen idé om retning. Den kunne løbe mere end 50 meter, før den faldt død om.

Disse aflivningsmetoder var lidt barbariske for os børn at se på, men man kunne blot konstatere, at vi efter et par drab af denne slags accepterede dem som en naturlig ting i hverdagen.

Naturligvis lavede vi selv vores konserves til vinteren. Grønne bønner, ærter, svampe og meget mere endte i glasskrukker, som blev hermetisk forseglet med en gummiskive, og derefter blev de nedsænket i kogende vand i nogle timer.

Blandt de gode retter, som blev serveret, var bla. "Agerhøns Salmi".
De små agerhøns blev, efter at de var blevet plukket, stegt på spyd i den store pejs.
Derefter passerede vi dem i manuelt blænderen, inklusive hoved og skrog.
Derefter bredte vi det hele ud på en skive ristet groft brød, og ovenpå det lagde vi pebersaucen.
Det var en godbid.

En ret, som mine børn senere kaldte for "Den provencalske morgenmad" bestod af bla. spejlæg.
Æggene blev stegt i olivenolie, og de blev suppleret med sorte oliven; derefter blev der tilsat salt og peber, og endelig blev de deglaceret med vineddike.
Det gnistrede og sprøjtede overalt, og det blev serveret med en god skive landbrød.

De store tomater fra haven blev ofte brugt enten i salat med løg og basilikum blandet godt med vinaigrette, eller de kunne blive udhulet, og indholdet blev lagt til side.

Noget gammelt og tørt brød og forskellige rester af kød, fjerkræ og svinekød blev hakket fint.

Tomatkødet, brød og kød blev så blandet, og derefter blev der tilsat Herbes de Provence, løg og skalotteløg.

Denne blanding blev de udhulede tomater fyldt med, og så blev det hele bagt i ovnen i en time.

Bare at tænke på det, giver mig fortsat altid vand i munden.

På gården boede også en mangfoldighed af duer.

Helt øverst i væggen på den sydlige facade af huset var der nogle huller, meget regelmæssige og alle i samme størrelse.

Når vi gik op på loftet, kunne vi med vores ringe højde alligevel nå de små døre på omkring tyve centimeter, som lukkede ind til rugehullet.

Når vi åbnede dem, så vi lyset, fordi dørene svarede til hullerne på ydersiden af huset.

Det var her, duerne passede deres unger.

Ungerne var nemme at fange, og man skulle tage dem, mens de stadig havde dun på, så det gjaldt om ikke at vente på, at de kunne flyve væk, for så blev de seje i kødet.

Croquettes, crepes og andre kiks blev naturligvis værdsat af min søster og af mig selv.

En sjov ting var "tegl".

Det var en kiksedej som blev rullet tyndt ud på bordet og skåret i ringe med et glas. Bagt i et par minutter blev ringene derefter anbragt på et kosteskaft, som var fastgjort mellem bordet og en stol.

Kiksen, som stadig var varm, tog derefter formen af kosteskaftet, og den kom til at ligne et romersk tegl.

Jeg har gemt disse opskrifter i mit hoved siden min barndom, og jeg vil fortsætte med at virkeliggøre dem.

Le rendez- vous des gourmets også kaldt l'Oliviere

Badeværelset

Et ubestridt paradoks ved denne gård, som havde tilhørt Charpenel-familien i flere generationer, var, at gården på trods af dens øvrige komfort med spisestue, stuepigeværelse, bibliotek osv. aldrig havde haft et badeværelse.

De tidligere velhavende ejere havde aldrig ønsket sig denne komfort, som i dag jo ville have været højt prioriteret.

Der var naturligvis et slags badeværelse, men der var ikke rindende vand indlagt.

På døren fortalte et skilt, at dette rum blev betegnet "Badeværelse".

Det var indrettet med en marmorservante, hvorpå der var placeret en kande og en skål af hvidt porcelæn dekoreret med blomster.

Endvidere var der i "Badeværelset" også en blå hygiejnisk spand med låg og en stumtjener med spejl. Dette "Badeværelse" var på første sal, og det stødte op til de 3 soveværelser.

Det officielle toilet lå under trappen, som gik op til høloftet bag bygningerne.

Det betød, at det var nødvendigt at gå rundt om bygningerne, når man skulle på toilettet.

Naturligvis var der ikke elektriske lys, og døren, som kunne dateres tilbage til middelalderen, kunne ikke lukkes, så man måtte råbe og advare, hvis man var på toilettet, og nogen var på vej.

Toiletpapiret var avissider skåret i den rigtige størrelse og gennemboret med et hul, som der var trukket en tråd igennem.

Tråden havde to funktioner - den ene var at holde arkene sammen, og den anden var, at man kunne hænge papiret på et søm for at kunne trække et ark ad gangen.

Når man sad med et sådant stykke avispapir i hånden, handlede det ikke om at læse, men om at nuldre det mellem fingrene for at blødgøre det så godt som muligt til senere brug.

Toilettet i sig selv havde intet sæde, og det lignede "tyrkiske toiletter", bortset fra at det bestod af to brædder, som balancerede på et hul.

Jeg stillede aldrig spørgsmålet om, hvem som tømte hullet, men fra tid til anden, skulle bedstefar dumpe "Cresyl" i hullet.
Det var noget sort materiale, et slags desinfektionsmiddel, som lugtede af tjære.
Måske medvirkede det til, at alt forsvandt med tiden.

Så alt i alt var brugen af dette toilet ikke rigtig praktisk, og om aftenen blev det derfor nødvendigt at falde tilbage på den hygiejniske spand, som var i alle værelser, og som det var nødvendigt hver morgen at gå ned og tømme ud på møddingen, og bagefter skylle den ved fontænen.
Det var derfor nødvendigt at bære varmt vand op i en kande og koldt vand i en anden, for at man kunne vaske sig, efter at man havde været "på spanden".
Varmt vand og koldt vand blev blandet i porcelænskanden, så man kunne skifte vand efter en første skrubning med sæbe, og så fylde skålen op igen

med varmt vand, så længe vandtemperaturen var konstant.

Når man havde vasket sig, skulle man af med det brugte vand.

Vinduet blev åbnet, og vandet blev kastet ned i haven nedenfor.

Det var praktisk, og vinranken klagede ikke over dette.

Når vi børn skulle "holde storvask" en gang om ugen, normalt om lørdagen, var det nødvendigt at bære det store zinkkar ovenpå.

Vores mor og bedstemor gik frem og tilbage, op og ned ad trappen, for at fylde bassinet.

Vi stod op i karret og hældte vand over vores hoveder med en kasserolle, som vi fyldte fra karret.

Efter en tid med skrubning med sæbe foregik skylning på samme måde.

Til at tørre os havde vi linnedhåndklæder, der var så bløde som en ostehøvl.

Når badningen var overstået, var problemet, at det store kar, som var for tungt til at løfte, gradvist skulle tømmes med en spand, og vandet skulle derefter smides ud ad vinduet.

I almindelighed, og fordi jeg var galant, var det min søster, som badede først.

Og vi brugte ikke det samme vand begge to, da der ikke manglede vand på "Peageon-gården".

Hvordan gjorde de voksne mon, når de badede?
Måske ligesom os.

Om sommeren var det anderledes.
Lørdagens badning blev flyttet til vaskehuset, hvor vi normalt vaskede tøj.
Efter indsæbning, som foregik med en vaskeklud, som var gennemblødt i vand, og gnedet i "Marseillesæbe", kom så skylningen. Og det gik hurtigt, fordi vi sprang ud i bassinet og skyllede os på én gang.
Naturligvis var nøgenhed på denne tid ikke velset, så min søster og jeg beholdt vi vores undertøj på.
Alle deltog i denne proces. De voksne hjalp med at sæbe os ind og med at komme ud af bassinet, som stadig havde en højde, som ikke gjorde det muligt for os at komme op og ud på egen hånd.
En sådan afvaskning i det offentlige var naturligvis kun for børn.

Jeg kan ikke huske, om denne mangel på daglig eller ugentlig hygiejne forårsagede nogle smitsomme sygdomme, men jeg tror det ikke.
Jeg har ingen erindring om at have været syg, og min søster heller ikke - dog med undtagelse af en mindre forkølelse, som jeg havde pådraget mig pga. et natbesøg på den nærliggende gård en vinteraften, hvor mistralen blæste meget hårdt og fandt vej gennem alle sprækker i vores tøj og nedisede os helt ind til knoglerne.

Bedstemor behandlede mig ved at anvende sugekopper på min ryg, mens jeg lå på maven på køkkenbordet.

Bedstemor, som havde udstyret sig med sugekopper, vat og tændstikker, havde stor fingerfærdighed.

Et stykke bomuld i glasset blev antændt, og glasset blev vendt med en hurtig bevægelse og anbragt på min ryg.

Bomulden forbrugte al luften i glasset, og sugede under denne proces i huden på ryggen - under vakuum kunne man sige.

Antagelig fik denne behandling feberen til at forsvinde, og måske også de dårlige ånder, som nogle sagde med onde tunger.

Som det gælder med alle forfædrenes traditioner, og som det var tilfældet med bedstemors mirakelkur, var det nødvendigt at tro på, at det fungerede.

Under denne behandling blev jeg udstyret med seks smukke cirkler på ryggen med rødlig farve, og de forsvandt ikke før efter godt en uge.

Når vi skulle imødekomme vores naturlige behov, mens vi gik tur med gederne, eller hvis vi var langt nede i bunden af grøntsagshaven, og der var langt hjem til toilettet, var der kun naturen at ty til.

Vi var nødt til at gemme os lidt væk og finde et roligt sted, og der var selvfølgelig ingen sammenkrøllet avis til at fuldføre denne handling med.

Naturen, som Gud jo skabte på skabelsens tredje dag, tænkte på alting, og træernes blade var måske også skabt til det.

Men der fandtes jo forskellige slags blade, og vinblade var de bedste at anvende til det.

Det var rådeligt at undgå bladene fra stenegetræer eller hvide egetræer med deres ribbede kant og også Micocouliers blade duede ikke. De var alt for små.

Men når man havde et presserende behov i en lavendelmark, gav det anledning til eftertanke, når der ingen blade var i nærheden, og lavendelblomsterne, selvom de dufter godt, var trods alt ikke store nok til at blive brugt.

Jeg kan huske de dage, hvor vi var ude at besøge kusinerne, som boede på slotspladsen i Venterol.

De havde heller ikke selv et toilet, men der var et offentligt toilet med næsten rindende vand i byen.

Der var adgang til toilettet ved "Rue du Goulet" nedenfor pladsen, og der var to pedal-toiletter uden flush, men der var en spand ved siden af vandhanen.

Spanden skulle fyldes, og indholdet skulle kastes i hullet. Voila !

Man skulle blot huske at medbringe nogle ark papir.

Hvilken komfort det var i sammenligning med lavendelmarken!

Venterol, Place du château i 1950

Jagt

vinteraftenerne på gården, efter suppen og efter opvasken, var opgaverne ikke så forskellige fra opgaverne resten af året.

Bedstefar lagde mere træ i pejsen, så ilden gnistrede, for, som han sagde: "Det er ved at være køligt".

Hvorfor ild?

Fordi pejsen var tændt det meste af året.

Gryden hang over flammerne, som spruttede og sendte gnister overalt, og gryden forsynede os med varmt vand.

Suppen blev både sommer og vinter lavet over ilden. Flammerne dansede og lyste oppe på stueloftet, som lignede en stjernehimmel en nat i august.

Atmosfæren var perfekt varm, og det var godt at være der.

Bedstemor, hjulpet af min mor, gik ud for at hente kasser, lim og alt det nødvendige materiale til at lave æsker af.

Hvis opdræt af silkeorme gav lidt penge, spillede fremstilling af æsker også en vigtig rolle til forbedring af dagligdagen.

Alle familiemedlemmer, med undtagelse af bedstefar, sad ved bordet og arbejdede, mens de sludrede med hinanden.

Vi fremstillede æsker, og det gjorde man også på alle de andre omkringliggende gårde.
Æskerne blev leveret til Valreas, emballageindustriens centrum, som man kunne kalde byen, og de blev så senere anvendt til alle mulige forskellige formål, fx til farmaceutiske produkter eller til parfume.
De æsker som vi fremstillede med saks, lim og klister var runde, firkantede og ovale - alt efter hvad de skulle bruges til, men det var kun små æsker.

Alle stykker og enkeltdele blev samlet og limet en efter en.

Knapt færdig med en æske, startede vi igen med en ny.
Nogle æsker var enkle at lave, mens andre var mere komplicerede, fordi de måske skulle have et mere luksuriøst finish, så som fx en guldkant, som blev klistret på.

Aflønningen for arbejdet med æskerne var proportional med vanskeligheden med at fremstille dem, og i forhold til den tid, som skulle anvendes til det.

Bedstefar havde andre muligheder for at bruge sin tid i de lange vinteraftener.

En af dem, og en meget vigtig én, var fremstilling af patroner til jagt.

Vi havde jo på gården kyllinger, duer, perlehøns osv. men smagen af vildt kunne vi kun få fra naturen.

Først og fremmest genbrugte bedstefar de gamle patronhylstre, som kunne anvendes flere gange.

Krudt, fyld og blykugle blev hældt i de tomme patronhylstre, som herefter blev forseglet med en lille maskine.

Processen var i sig selv ganske enkel.

Det første, man skulle gøre, var at fjerne den gamle fænghætte ved hjælp af en spids genstand og en lille hammer for derefter at erstatte den med en ny.

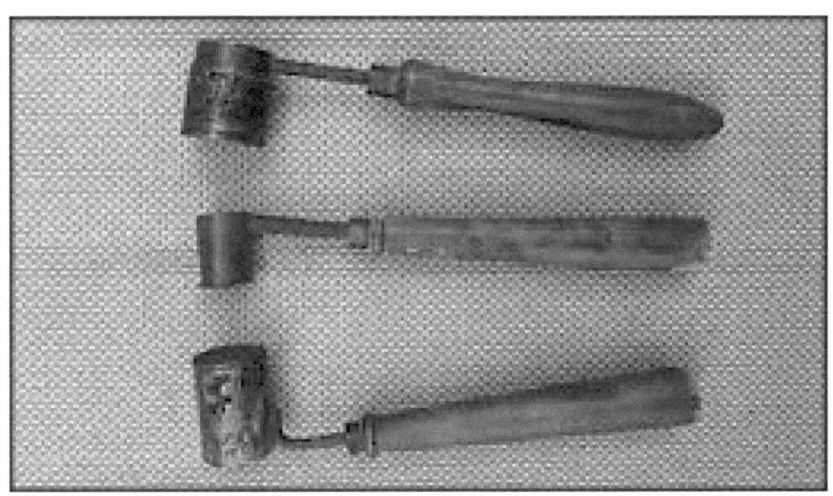

Det næste trin var at afmåle mængden af krudt til påfyldning af patronen ved hjælp af en lille måler, som var lavet af kobber, og som sikrede, at der ikke kom mere krudt i patronen, end højst nødvendigt.

Derefter kom fyldet, som skulle adskille krudt og blykugler.

I disse svære tider, lige efter krigen, var det vanskeligt at få de rigtige produkter, så fyldet blev af bedstefar lavet af gammel avis, som var rullet fast sammen ved hjælp af et stykke træ, som naturligvis havde samme størrelse som patronen.

Næste trin var blykuglen.

Til sidst var det bare at lukke patronen ved hjælp af en lille maskine med et håndtag.

Når første patron var klar, var det bare at starte forfra med at lave den næste.

Det var ikke hver dag, at Maurice, min bedstefar, gik på jagt, og endnu færre gange var det, at han tog mig med.

Men jeg kan huske flere jagtture, som normalt kun var for voksne og især for mænd.

Uanset, hvordan det foregik, ville jeg være tilskuer i korte bukser og ikke jæger.

Vi gik ud tidligt en morgen for at jage lærker.

Vi krydsede lavendelmarkerne, som naturligvis ikke havde blomster på denne årstid, men de dannede store kugler i lange række, som var godt pakket tæt mod hinanden i hundreder af meter.

Den dag var jeg assistent, for det er bedst at være to til denne form for jagt, og det var nok derfor, at han tog mig med.

Bedstefar bad mig stå på et velegnet sted, og et apparat, som lignede et T skulle herefter sættes i jorden.

Dette apparat blev senere, i 1950érne, forbudt at anvende - for at beskytte fuglene.

Det var lavet af træ, og det havde på begge sider påklistret småstykker af spejle.

Apparat kunne rotere om sig selv.

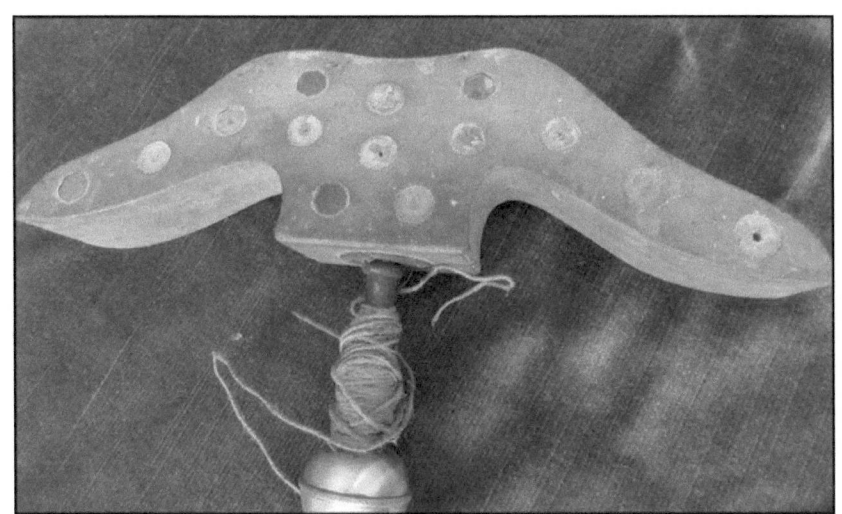

Min bedstefar tog en lang snor, som han rullede 2 gange rundt om redskabet, og han kom så tilbage til mig med de to løse ender.

Der må have været mindst tredive meter mellem spejlet og mig.

Min opgave var så at holde fast i de to ender - en i hver hånd - og derefter trække i snorene, én gang til højre og én gang til venstre.

Apparatet begyndte så at rotere, og alle de små spejlfragmenter sendte lysstråler afsted, og disse lysstråler tiltrak fuglene.

Bedstefar stod klar med sin 12-kalibers riffel klistret til skulderen.

Naturligvis måtte vi vente, nogle gange i lang tid, men spændingen var så stærk, at jeg ikke bemærkede, at tiden gik.

To skud vækkede mig, og to fugle, som baskede med vingerne, landede et par meter fra apparatet, som jo i virkeligheden var en slags fælde.

Agerhøne.   *Lærke*

Støjen havde naturligvis forskrækket alle de andre fugle i nabolaget, og vi var nødt til at flytte alt udstyret, for at slå os ned lidt længere væk.

Den dag var udbyttet af jagten desværre kun fire små fugle.

Vi var fem derhjemme, så det var ikke nok til en middag.

Det var anderledes, når han tog mig med på agerhønejagt.

Her skulle han også have hunden med, for det var den, som skulle gøre det største arbejde.

Vi gik bag ved hunden, som hed "Pomponne".

Maurice fulgte hunden, og jeg gik sidst.

Denne jagt bestod i at følge hunden musestille, indtil hunden markerede et stop.

Den stak en pote ud i luften og stod fuldstændig ubevægelig, nærmest som en statue.

Det var et tegn på, at der var en fugl i nærheden, og at den ville flygte. Og det var også tilfældet, den lettede.

Første skud var en forbier, men det gik bedre med det andet - held eller måske færdighed var det.

Så gik vi videre og ventede på, at hunden markerede igen.

Den dag var vi heldigere, for der var fem agerhøns i bedstefars rygsæk, da vi kom hjem til gården.

Det var nu min mors og min bedstemors opgave at forberede fuglene, plukke dem og tømme dem.

Måske ville bedstefar lave mad på spyd i den store køkkenpejs, men det var ikke altid sikkert.

Jeg deltog en anden gang sammen med Maurice og hans hund i en jagt på agerhøns, men nu var det en hare, som hunden havde fundet.

Den var enorm, og bedstefar måtte skyde to gange, før den døde.

Den måtte veje mindst 4 - 5 kilo.

Det var noget af en sejr, og da vi gik tilbage mod gården, håbede vi på, at vi mødte en nabo, så vi kunne prale med, hvor dygtige vi var.

Selvom jeg kun havde været tilskuer, følte jeg, at jeg havde ret til halvdelen af æren.

Den nemmeste af alle jagter, og hvor min søster også kunne følge nøje med, var når bedstefar skød de små fugle.

I vaskerummet var der et vindue, hvorfra man havde udsigt til en lille åben gård bag bondehuset.

Midt på denne gårdsplads var der et pistaciemandeltræ, som producerede sprøde mandler, som var lette at knække.

Man kunne knække dem mellem to fingre, og de smagte næsten ligesom almindelige mandler, men måske med en lille smag af pistacie - så deraf navnet.

Når vinden fik dem til at falde, gik de i stykker.

Det var i dette øjeblik, at de små fugle kom for pikke i dem.

Bedstefar lænede sig mod vindueskarmen med sin riffel fyldt med to patroner og små blykugler - og - Bang ! Bang !

Efter at han havde affyret to skud, kunne vi indsamle omkring 30 fugle.

Jeg kan ikke huske, hvilken fugleart det var, men jeg kan huske, at da de blev plukket groft, og fjerene derefter blev kastet ind i ildstedet, fløj der et væld af små fjer rundt i køkkenet.

Fuglene blev stegt på et roterende spyd i pejsen, og derefter blev de hakket manuelt med en hakkemaskine.
Til sidst endte disse stakkels små dyr oven på toastbrød.

I dag er der næppe fugle, harer eller kaniner tilbage i samme omfang som tidligere.
Den intensive dyrkning, og brugen af pesticider, som dræber insekterne, som jo er foder for fuglene, er en af årsagerne.
En anden årsag er vildsvinet, som i 1970'erne invaderede området og det bredte sig i landskabet som en inversiv art, og fra 1990'erne har bukken ankomst totalt ændret fauna og flora.
I dag jagtes agerhøns kun ved udsætning af fugle, som er opdrættet i bure, og det samme gælder kaniner.
Vildsvin og Bukkejagt foregår med en horde af hunde, et dusin eller mere, og det er en anden form for jagt, et andet materiale, en anden lidenskab, som mange i dag foretrækker frem for gammeldags jagt, og som de engagerer sig i.

Det blå køkken

D er var langt for postbuddet at køre mellem
gårdene for at levere post.
Han kørte på cykel, og han plejede ikke at
komme med posten til os, før sent på eftermiddagen,
for vores gård lå næsten ved afslutningen af hans rute.

Derfor gik jeg ofte med min søster hen for at hente
posten på caféen "Le Centre", hvor postbuddet holdt
frokostpause, fordi solen på dette tidspunkt stod højest
på himlen.

En dag, da vi vendte tilbage til gården, havde vi et brev
med fra vores far, et brev, som vi kunne genkende,
fordi konvolutten bar krigsministeriets logo.
Efter at have læst brevet fortalte vores mor os: "Jeres
far ankommer i morgen, og vi skal hente ham ved
busstoppestedet. Han har orlov, og han bliver her hele
måneden".

Vi blev meget glade, min søster og jeg, for vores far
kom jo ikke så tit.
Han boede i Paris på et værelse, som tilhørte
ministeriet, og han så frem til at se sin familie, men
også til at genfinde livet på landet, væk fra støj og
forurening, da hans kontor lå på Place de la Concorde.
Turen var ret lang for ham.

Fra Gare de Lyon til Montélimar skulle han først med metro til stationen og derefter med tog til Montélimar, og derefter med bus til Montbrison.

Syv timer med tog og to timers kørsel med bus, som kørte igennem alle de små byer og stoppede konstant.

Næste dag, sidst på eftermiddagen, var vi alle klædt på, som om vi skulle til messe eller til bryllup, og min søster havde endda fået en stor, hvid sløjfe i sit hår.

Det var i august, og det var meget varmt, og da vi havde fået alt for varmt tøj på, skulle vi gå mest i skygge.

Vi skar gennem lavendelmarkerne, hvor bonden med sit segl havde høstet alle de smukke lilla blomster og kun efterladt grønne toppe.

Vi krydsede den lille bæk på en provisorisk bro lavet med nogle planker.

Vi gik forbi den gamle restaurant, som bedstemor tidligere havde ejet, og så tog vi den asfalterede vej resten af vejen for at komme til Pontaujard - den Galloromerske bro, hvor stoppestedet var.

Vi kendte stedet godt, for der var under broen et dybt hul, som man kunne bade i.

Da der ikke var så meget vand i floden om sommeren, stablede vi sten op for at lave en dæmning, og vandniveauet steg ganske hurtigt til vores knæ.

"Le Lez"

Undertiden kunne vores lille kunstige sø forblive som den var i to eller tre uger, hvis ikke Mistralen eller tordenvejr havde bestemt det anderledes.

Bussen ankom; passagererne steg af bussen; der var kun to passagerer, og den ene var vores far.
Omfavnelser, spørgsmål, svar, og alle fire på vej tilbage til gården.
Igen knus kram og samme spørgsmål og svar. "Har du haft en god tur"? "Du er vel ikke for træt"? "Er du sulten"? "Er du tørstig"?
Intet var for lidt eller for meget for vores far. Man skulle tro, at han var gået hele vejen fra Paris.

Vi havde mistanke om, at der i kufferten helt sikkert var en gave til os.

Og der var faktisk én og endda to - én til min søster og en anden til mig.

Vi fik en bog med illustrerede eventyr, og det mest ekstraordinære ved denne bog var, at den kunne tale !

På den ene side, som var tykkere end de andre, var der ligesom en bøjet nål klæbet fast på Canson-karton, en type karton, som fungerede som højttaler, og vi satte nålen på denne mini-mikroskive.

Gennem et lille hul og ved hjælp af en spids genstand kunne vi dreje disken, og så kom der en lyd: En stemme, som talte, og jo hurtigere, disken blev roteret, jo hurtigere talte han.

Vi var virkelig forbløffet, min søster og jeg, ligesom resten af familien var det.

Min bedstefar, som jo var bonde, men alligevel veluddannet, var lidt misundelig på min fars succes hos os.

Han forsøgte at distrahere os i alle de følgende uger, og han sagde ironisk: "Selvfølgelig er det let at finde sådan noget i Paris ", og dermed antydede han, at det er let at købe børn med gaver.

Vores far fortalte os, at i Paris lukkede man ikke dørene. De lukkede sig selv!

Vi forestillede os en verden som i "Alice i Eventyrland".

Senere fik vi selvfølgelig muligheden for selv at kontrollere rigtigheden af hans udsagn, og det må jo siges, at det var sandt, hvad han sagde.

I stormagasiner og i metroen lukkes dørene automatisk, så vi måtte konstatere, at det var rigtigt.

Vi havde ikke set den slags i Bourg-les-Valence, og heller ikke i Tyskland under besættelsen.

Vi må dog indrømme, at døren med myggenet i køkkenet, som sad foran den rigtige dør, og som bestod af en træramme, hvorpå der var fastspændt et tyndt myggenet, også lukkede automatisk.

Der var i myggedøren en snor med en modvægt i den ene ende, som passerede gennem en ring fastgjort til væggen, og en anden ende var fastgjort til døren.

Når man åbnede døren, trak den i snoren; vægten gik op, og når man slap døren, gik vægten vha. inerti ned igen, og døren lukkede i.

Efter et godt måltid mad fortalte vores far nyheder fra hovedstaden og om hans liv som ungkarl i ministeriet.

Da vores far skulle bo på gården i en måned, havde bedsteforældrene lavet en liste over nogle mindre arbejdsopgaver, hvor hans hjælp ville være velkommen.

Job nr. 1 var maling af køkkenet.

Køkkenet skulle ikke males med den moderne maling, men med kalk, fordi det er det eneste produkt, som bekæmper kakerlakker, bugs, myrer og andre skadedyr.

Første trin var, at alle møblerne skulle ud, inklusive standuret men dog undtagen støbejernskomfuret, som var for tungt til at flytte, og især var det jo nødvendigt til tilberedning af måltider.

Køkkenbordet og stolene fandt et sted at stå under pergolaen, som producerede de røde druer, "Jaquet", som giver en lille smule, men på en anden side en stærk vin.

Alle gårde i Provence lavede i små mængder af denne vin, som officielt blev benævnt "Pergolavin".

Fra den dag og hele resten af ugen ud indtog vi vores måltider udendørs, og vi børn syntes, at det var fantastisk.

Det er ganske overraskende at tænke på, at folk som levede i dette ekstraordinære klima stadig i almindelighed spiste indendørs.

Men det handler jo om, at inde i huset er det bedst at spise, da det er her, der er færrest insekter, og dér, hvor det er mest køligt.

Det er desværre stadig sådan i vore dage.

Job nummer 2 var at blande kalk med kobbersulfat, som normalt blev brugt til at sprøjte vinstokke med til bekæmpelse af meldug.

Blandingen fremstod med en smuk blå farve, som kaldes "Bordeauxvæske".

Alle væggene blev smurt ind i væsken ved hjælp af store koste.

Det var jo sådan, at de store træstykker, som blev afbrændt i pejsen i løbet af det meste af året frembragte meget røg, som efterhånden havde sværtet væggene til.

Når væggene var blevet smurt ind i blandingen af kalk og kobbersulfat, skiftede de farve - fra sortgrå til en smuk blå, som mindede om himlen over Provence.

Det var naturligvis nødvendigt at beskytte de romerske gulvsten/klinker i køkkenet, sten som sikkert var stjålet fra nogle gamle veje i området, og som var en arv fra en gammel Romersk kolonisering.

Disse sten målte hundrede x tres centimeter hver, og deres patina kunne fortælle om forfædres brug - og måske Julius Cæsar selv havde trampet på dem.

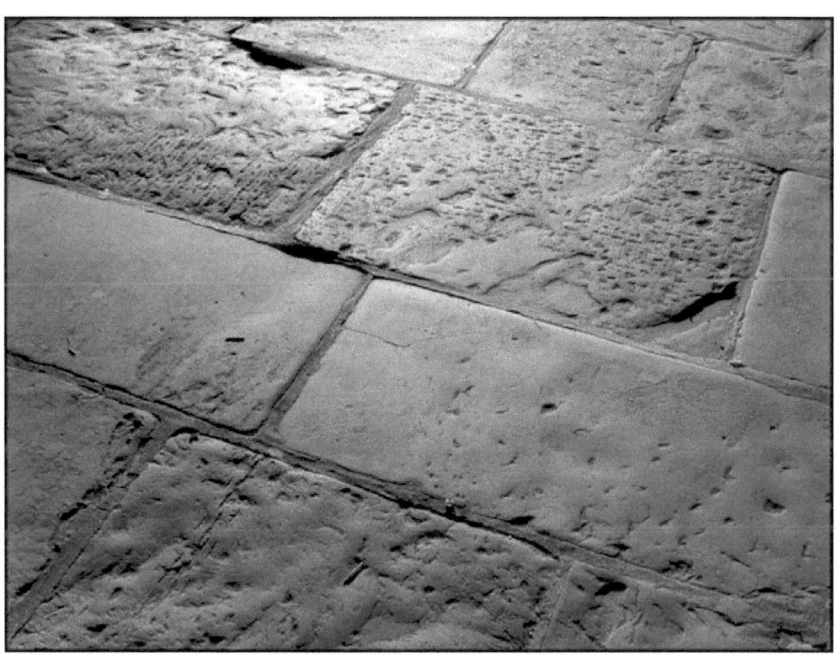

Træstigen med de praktiske trin, så man kunne nå højderne, var blevet fundet frem fra skurets mørke, og lidt efter lidt ændredes farven på stigen, takket være fars dårlige kontrol af den store pensel og mængden af dråber, som faldt på stigen, og som i vores øjne derfor blev smukkere og smukkere.

Denne fase havde taget et par dage, og nu var det tid til den kunstneriske dekoration.
Alle vægge havde fået en flot, blå farve.
Ved hjælp af en svamp, dyppet i en blanding af kalk, vand, Bordeauxvæske og lidt ekstrakt af Garance - en plante, som findes mange steder i Provence - kunne finishen begynde.
Blåt fra kobbersulfat plus rødt fra Garance gav en dejlig bordeaux farve.

I øvrigt blev Garance også engang brugt til at farve bukser med, i det franske infanteri, i rødt, og det var praksis helt frem til Første verdenskrig, hvor det blev ændret.
En lærd, en specialist i den franske hær, havde nemlig bemærket, at der ofte døde flere franske end fjendtlige soldater på slagmarken.
Årsagen var enkel, fjendes soldater var iklædt grå eller grønne uniformer, og på den måde faldt de mere i ét med landskabet.
Franskmændene havde derimod den skalagensrøde farve i uniformen, og den tiltrak lettere fjendens kugler.

Dette var grunden til, at kaki-farven fra det øjeblik blev valgt og dermed reddede det mange franske soldaters liv.

Det afsluttende trin i malingsprocessen blev udført af en kunstner i familien, dvs. min mor, som havde forsømt sin couture for en mere kreativ syssel.
Min far havde droppet sin store kost, for at resten nu kunne udføres mere detaljeret.

Farven blev hældt på en plade, og min mor dyppede en svamp i farven og trykkede svampen meget forsigtigt på væggen, enten i lodrette rækker eller diagonalt, hvilket gav identiske aftryk ved hver applikation. Resultatet lignede til forveksling tapet.

Vores far tog sig af friserne, som var 10 cm. fra loftet. Meningen var at male en lille stribe hele vejen rundt. Selvklæbebånd fandtes ikke på dette tidspunkt, så vi brugte avisstrimler, som min søster og jeg skar og belagde med lim, som var lavet af en blanding af mel og vand.
Vores far gik i gang med at fylde stykket mellem de to bånd.
Fordelen var, at papirstrimlerne ikke klæbede meget, så længe de var våde, og efter en lille tørretid kunne de fjernes, og man kunne så med en klud viske ud på de steder, hvor der ikke skulle være maling.

Denne papirteknik, hvor papiret blev belagt med lim, blev i øvrigt også brugt til at lukke og tætne døre og vinduer med, når man ville brænde svovl af i et rum for at udrydde enhver form for indtrængende insekter, inklusive sengebugs.

Det var naturligvis nødvendigt efterfølgende at ventilere rummet i flere dage.

Dette store køkkenprojekt blev lidt efter lidt endelig færdigt, møblerne kom på plads, og desværre genoptog vi vores måltider indendørs, hvilket var skuffende for os børn.

En officiel indvielse fandt ikke sted, men alle var tilfredse med resultatet.

Køkkenet, som fremstod helt nyt nu, kunne så vente med at blive kalket til engang i det kommende årti, hvor det kunne glæde sig til at blive blåt som himlen igen.

For min far var det tydeligvis ikke Herkulesarbejde, men der var noget at gøre hele tiden.

Her må man så også lige tilføje, at bedstefar vist var noget doven.

Terrakottarøret, som bragte vand fra kilden til springvandet og til køkkenet, producerede pludselig ikke længere den samme mængde vand som tidligere, for det store lindetræ foran huset havde fået den idé at lade sine rødder hente vand at drikke fra netop dette terrakottarør.

Gennem en lille revne havde en lille rod fundet en passage, og roden voksede sig stor ved at sluge en masse frisk vand.

Det var derfor nødvendigt at grave i denne jord, hård som sten var den, med en spade, indtil rørledningen blev fundet.

Min far brød terrakottaen, og greb den rod-rottehale, som var flere meter lang, og som havde vokset sig ind i røret.

Vi forstod ikke, hvordan vandet havde kunnet komme igennem, samtidig med at denne rod var i røret.

Disse små jobs optog min far en del af tiden, og måske var han til sidst glad for at vende tilbage til Paris.

Midiou: Sygdom af vinstokken

Garance

At vogte geder

På alle gårde, men også i landsbyerne, havde folk geder og får.
Gederne gav mælk til deres kid og til ost.
Gedekid var meget værdsatte for deres kød, og det er de fortsat den dag i dag.
Fårene blev, bortset fra produktion af uld, kun brugt til at producere lam, hvis kød, ud over at bidrage til den nære husholdning, også var en god salgsvare.
Købmændene kørte rundt til alle landsbyer for at købe lam, som de herefter bragte til slagteriet i Grillon.
Derefter blev kødet transporteret til butikker i de store byer.

La Transhumance

Arbejdet med geder og får fulgte en tradition, som skriver sig helt tilbage fra middelalderen, og som også blev fulgt i Provence lige efter krigen, men som i dag ikke længere praktiseres.

Geder og får blev opdrættet i bjergbedrifter af hyrder, som fulgte 500 - 600 dyr ad gangen.
I slutningen af foråret forlod får og geder gårdene i en procession med æslerne foran. Æslerne bar på salt og proviant.
Dyrene skulle op for at gå på græs højere oppe i bjergene, hvor græsset er friskt og rigeligt, og deres hyrder skulle med.
Processionen blev flankeret af hunde, som konstant holdt orden på flokken.
Denne proces kaldes "Transhumance".

I landsbyerne havde indbyggerne også geder, og de skulle lukkes ud af stalden mindst en gang om dagen.
De boede altid i etagen under husene.
I løbet af vinteren gav stalden varme til etagen ovenover, og her havde folk som regel deres egen bolig.
Alle stalde havde indgang fra landsbyens hovedgade, og en stærk lugt lå derfor altid over hele landsbyen.
Heldigvis har landsbybeboerne i vore dage ikke gede- og fårelugt i gaderne.

Om aftenen, efter arbejde, kunne man se kvinderne fra landsbyerne og deres dyr på vej mod de omkringliggende bjerge, som dengang kun var dækket af urter og buske.

Denne udflugt havde to formål: Det første var at fodre gederne og fårene gratis, og det andet var, at kvinderne skulle indsamle dødt træ til fremstilling af de såkaldte "Fagots", som skulle bruges som brænde i forbindelse med tilberedningen af måltiderne i køkkenets store pejs.

Græsset i bjergene blev på en måde "slået" af gederne, og træet blev samlet op og transporteret væk af indbyggerne, og på den måde blev områderne efterladt rent.

Dette ville vi i dag kunne kalde en ren økologisk adfærd, men sådan så man naturligvis ikke på det dengang.

Det var bare helt naturligt og nødvendigt at gøre det sådan.

I dag, hvor man ikke længere passer geder og samler træ, er disse bjerge dækket af vilde egetræer, og områderne er stort set uigennemtrængelige.

Men for os i "Le Péageon", og som det var tilfældet på alle de andre gårde, var det anderledes.

Stalden var større, end staldene i byen, og vi havde meget mere jord til at fodre dyrene på.

Hen på eftermiddagen, når solen stod lidt lavere, og når det var mindre varmt, ventede min ældre søster,

Sylvette, og jeg på Mauricette, som var datter af Aimé Estran fra den nærliggende gård.

Hun var et par år ældre end os.

Alle medlemmerne af hendes familie havde provencalske navne, som blev udtalt med den syngende provencalske accent.

Mauricettes søster hed Mireille; deres mor hed Clementine, og bedstemor hed Albine.

Mauricette kom gående hen til vejen, som stødte op til vores gård.

Vi ventede på hende med vores 2 geder, og hun var ledsaget af omkring 30 får.

Vi gik så i procession: Fårene bag vædderen, og vi 3 børn sluttede marchen af med hunden.

Det får, som blev kaldt vædder, var en fed og brunstig han, og han var leder af flokken.

Min søster og jeg var bange for den, fordi bedstefar ofte fortalte os historier, sande eller falske, om de mange gange, hvor denne vædder var gået til angreb på de mennesker, som krydsede dens vej.

Vi gik op mod den lille bæk, som folk kaldte "Riaille" på Provencalsk. Den udløb i en større flod, "Le Lez".

Der kunne dyrene slukke tørsten.

Jeg lærte senere, at det rigtige navn på denne bæk, som det var anført på landkortet, var "Aygue Longe".

Vi krydsede et stykke jord, som var ukultiveret, og hvor naturen havde gjort et godt stykke arbejde.

Der voksede enorme gyvelbuske, som fra begyndelsen af juni til slutningen af juli var i blomst.

Gyvlerne bar tusindvis af små, gule blomster, som ikke alene var smukke i landskabet, men som også spredte en dejlig duft.

Gyvler er ikke spiselige for dyrene, men de er behagelige at se på.

De var i øvrigt også nyttige. Bedstefar skar de lange stængler af og lavede en stor buket. Alt blev bundet godt sammen og strammet til med en snor, og så skar han enderne fint af.

Alt, hvad der nu var tilbage at gøre, var at indsætte det gamle runde skaft, som stadig kunne anvendes, i buketten, og så havde han lavet sig en ny kost.

Ankommet til bækkens bred holdt vi en lille pause for dyrene, hyrden og hendes assistenter.

Det var der, nær ved vandet, at vi fandt ler, som vi formede til små figurer, som skulle ligne personer eller dyr, men vi manglede erfaring med lerarbejde.

De lignede mere tørre pinde.

Hver dag holdt vi pause på vores tur på det samme sted, og en miniaturelandsby blev efterhånden opbygget med dens små indbyggere i.

Værket voksede fra dag til dag, og vi kunne hver dag glæde os til at komme tilbage og bygge videre.

Solen tørrede vores figurer, men den fik dem ofte til at knække eller til at blive reduceret til pulver, hvis det da ikke var fårene, som uden nogen form respekt for vores værk havde den frækhed at vade lige hen over det hele på deres vej til bækken for at slukke tørsten.

I kanten af denne bæk lå resterne af en vandmølle, som for længe siden var blevet drevet af et stort hjul, som gav energi til en mølle, som malede kornet.

En oversvømmelse havde skyllet møllen væk og mølleren med. Der var kun få dele af væggen tilbage.

Dengang talte man ikke om global opvarmning, men voldsomme storme og store oversvømmelser eksisterede også dengang.

Ved denne bæk skar vi nogle rør, som vi brugte til at fremstille forskellige genstande af.

Husk nu på, at jeg, som jo var en rigtig dreng, altid havde en kniv i lommen, en kniv der som symbol bekræftede forskellen på drenge og piger.

Enten lavede vi en "Galoubet" - en slags fløjte - hvorfra vi kunne presse nogle lyde, som dog ikke altid var helt rene toner, eller vi lavede et pusterør, som gjorde det muligt for os at puste vilde bær, som fx enebær, langt væk.

Vi lavede også legetøj af disse rør, som faktisk ikke var andet end et sukkerrør.

Det hule indre af stænglerne gjorde det muligt for os at lave et rør, som blev tilstoppet i den ene ende og gennemboret med et lille hul i den anden ende.

Derefter gik vi på jagt efter små, hule kugler eller bolde, som voksede på de gamle egetræer. De var svære at finde, så vi var nødt til at søge længe.

Når vi endelig fandt dem, blev de holdt over det lille hul i røret, og når vi så blæste i det, svævede den lille bold i luften.

Det var den af os, som kunne holde sin bold længst muligt i luften, som havde vundet.

Turen, som altid og hver dag var den samme, gik gennem bedstefars trøffelmark, som fårene ikke syntes at værdsætte, fordi der ikke var meget græs.

Gederne derimod kunne godt lide egetræerne, som de altid ville klatre i.

Trøffelmarkernes egetræer blev på denne måde vedligeholdt, for stammerne blev af gederne barberet for smågrene og blade, og det var ikke kun godt og sjovt for gederne, men også en fordel for trøffeljægerne, som nu kunne gå rundt og samle trøfler uden af få grene i hovedet.

Vi gik forbi Père Estran's stenhytte som ligesom alle de andre cabanoner, som er spredt ud over hele Provence, blev brugt til at opbevare værktøjet i, så man ikke skulle slæbe det frem og tilbage hver dag, når man skulle i marken.

Men cabanonerne blev også brugt til at tage en lur i om eftermiddagen, når den udmattede landmand havde brug for en kort pause.

Vi krydsede lavendelrækkerne, som ligesom gyvlerne pyntede naturen op fra midten af juni til midten af juli.

Vi gik på vores vej tilbage mellem morbærtræerne, hvis blade var gedernes absolutte dessert.

Morbærtræerne blev klippet meget korte, så man kunne skære grenene af uden at skulle bruge stigen.

I princippet var det forbudt for gederne at opholde sig i morbærtræerne, fordi bladene skulle bruges til at fodre silkeorme med, mens de bladfrie grene på træet var beregnet til kaninerne, som spiste barken.

Så min søster og jeg lod kun gederne alene et øjeblik hos morbærtræerne, og ikke for længe, for at vi ikke skulle blive irettesat af vores bedstemor.

Morbærtræerne var oprindelig blevet plantet på det tidspunkt, hvor dyrkning af silkeorm havde udviklet sig i området, og hvor det gav en ekstra indkomst til de bønder, som kæmpede for at få det hele til at løbe rundt

Morbær

For at udnytte den gode jord, som blev brugt til mere indbringende planter og vækster, blev morbærtræerne altid plantet langs vejen.

I dag kan man stadig se nogle eksemplarer langs grøftekanter - træer som har overlevet i lang tid, og som er blevet glemt.

I begyndelsen af 1950'erne var der stadig en del silkeormefarme i regionen, heriblandt vores bedstemors.
Morbærgrenes blade blev klippet af til at fodre larverne med.
Larverne myldrede rundt oppe på loftet på rammer med et fint trådnet udspændt.
Det var nødvendigt at forsyne disse små dyr med morbærblade hver dag, for de havde en enorm appetit.

Når alle bladene var blevet spist, blev de nøgne grene serveret for kaninerne.

Senere, når larverne var blevet fede, dannede de en tråd, som til sidst blev til kokoner, som købmændene kom og hentede.

Disse kokoner var råmaterialet hos silkespinderierne.

De tynde silketråde blev brugt af væverne til at fremstille stoffer, som solgte godt i Lyon-området, og som endda blev eksporteret til hele Europa.

Efter at vi havde passeret morbærtræerne, nærmede vi os vores hønsegård. Det var på dette sted, vi forlod hyrden og lederen af flokken, Mauricette.

Hun vendte tilbage til sin gård med sine får, og vi tog tilbage med vores 2 geder, uden dog at glemme at sige farvel og med løfte om, at vi skulle mødes igen næste dag på samme tid og på samme sted.

Bedstemor Alphonsine - hendes venner kaldte hende Fonfon - var, når vi kom hjem, klar med skålen og parat til at malke gederne og herefter begynde at fremstille frisk gedeost, kaldet Tomme.

Gederne, som alle havde et navn, som jeg desværre ikke kan huske, var meget lunefulde, tyvagtige og oprørske.

De blev undertiden fundet oppe på hønsehusets tag eller inde i huset på udkig efter gode ting at putte i munden.

Jeg kan huske, at den eneste gang, hvor vores mor forlod os for at tage til Paris for at mødes med vores far, havde hun pakket sin kuffert, og hun havde samvittighedsfuldt skrevet en seddel med navn og adresse på, og denne seddel havde hun bundet til kufferten ved hjælp af en snor.

Pludselig lød der et råb!

Det var bedstemor, som skreg og på provencalsk skældte ud på gederne: "Boudi" og "Quèsaco de cabre".

En af gederne havde nemlig spist navnesedlen!

For at starte på sin tur til Paris, måtte mor tage bussen ved broen "Pontaujard".

Det var det eneste sted, hvor der var et busstoppested, og hun måtte derfor vandre to kilometer for at komme frem til stoppestedet.

Broen "Pontaujard", som førte over floden "Le Lez", var oprindelig blevet bygget af romerne, og den var en af de ældste broer i regionen, og det er den i øvrigt fortsat.

Byfest

Varmen ligger bag os, og begyndelsen af september ser fin ud.
Temperaturen om dagen er nu meget behagelig, og aftnerne er fortsat lange og tillader os at være udenfor i skjorteærmer.
Bedstemors sjaler er stadig lukket inde i skabet, og de vil ikke blive hentet frem før i slutningen af måneden.

Et usædvanligt røre var der pludselig ved caféen "Le centre", og det skyldtes en vigtig begivenhed, som var i anmarch.
Den første weekend i september var der nemlig byfest. Der kunne slet ikke være tale om, at man skulle gå glip af den fest, for det var kun denne ene gang om året, at man kunne få en sådan stor oplevelse i Montbrison sur Lez eller i de nærliggende landsbyer.

Min søster og jeg, nysgerrige som alle børn jo er, tog vores cykler for at køre hen og se, hvad der foregik.
Boulebanen var blevet renoveret, og nu var den klar til at modtage bouleturneringen.
Foran boulebanen havde flere mænd travlt med at bygge et skur, som senere skulle vise sig at være en skydestand, og på selve dagen ville det ligge i skygge under det enorme og 100 år gamle morbærtræ.

Til højre for caféen, bag skuret, var andre mænd travlt optaget af at parkere en af de flade ladvogne, som normalt blev brugt til at transportere lavendel-bundterne hjem på.
De skulle tjene som tribune for et orkester.

Tilbage på gården kunne vi rapportere og fortælle nyheder om, hvad der skete og om forberedelserne til den store dag.

Næste dag tog vi afsted igen, for vi var meget nysgerrige.
Skydestanden var nu næsten færdig, og den provisoriske scene var dækket med lærred for at skjule hjulene, og den var dekoreret med vinblade, som var begyndt at få efterårsfarver.
Mændene, medlemmer af landsbyens festudvalg, hængte elektriske guirlander op - de skulle oplyse dansegulvet foran scenen.

Foran vinkælderen "Montlahuc" var to personer ved at opstille et underligt apparat
Apparatet var rundt og ca. 20 centimeter højt og mindst 2 meter i diameter.
Da mændene havde taget tingesten ud af vognen, kunne vi se, at den bestod af 12 små rum, og toppen var lukket med kyllingetråd ligesom i bedstemors hønsehus.

Vi blev nødt til at vente til åbningsdagen, for at forstå, hvad den dog monstro skulle bruges til.

Tilbage på gården rapporterede vi igen om vores iagttagelser.
Min søster og jeg talte ivrigt og i munden på hinanden, ophidsede som vi var ved tanken om de kommende forlystelser.

Dagen efter tog vi endnu engang afsted til "Le Centre" til en ny rekognoscering.
En plakat hang nu ved døren til bistroen, og den annoncerede programmet for festlighederne.

Man kunne bla. tilmelde sig til en 2-mands boulekonkurrence, som ville blive afviklet fra lørdag kl. 15.00.
To baner mellem kastanjetræerne, hver 27,5 meter lang og 4 meter bred, var klar til at modtage spillerne.
Det var ikke en Petanque-konkurrence, for Petanque, som var opfundet af en mand fra Marseille, blev ikke spillet på denne boulebane, som var designet til at spille det RIGTIGE Boule på.
Det er det spil, som hedder: "La Lyonnaise" eller "La Longue".

Boulebane i Montbrison i 2018

Petanque blev første gang spillet i 1905.

Spillet blev oprindelig kaldt "Pés tanqués", som på Provencalsk betyder "Samlede fødder".

Modsætningen til dette spil er "La Lyonnaise", hvor man skal løbe, før man kaster sin boule.

Petanque blev opfundet af en mand, som efter en ulykke sad i en kørestol og som derfor ikke kunne løbe for at kaste boulen.

Hans venner var solidariske; de gjorde det samme ved at tegne en cirkel på 50 cm. i diameter på jorden, i hvilken begge fødderne, i henhold til de nye regler, skulle være samlet, og spillet Pétanque var blevet født.

Boulekonkurrencen startede officielt kl. 17, og den ville først slutte sent søndag aften.

Baren ville som altid være åben hele dagen, og fra klokken 19 ville skydestanden kunne byde de første kunder velkommen

"Bal Musette" udfoldede sig fra kl 21.00, og indtil musikerne og danserne var helt udmattede.

Det var fredag, så nu var der kun én dag tilbage at vente i.

Min far, som var i Paris, kunne naturligvis ikke deltage i konkurrencen.

Min far var en fremragende boulespiller, og han havde i sin ungdom vundet konkurrencen flere gange.

Vi kiggede igen på den mystiske runde opstilling, som stod foran vinudsalget, men vi blev ikke meget klogere på, hvad det var - ikke klogere, end vi havde været dagen før.

Den næste dag føltes utrolig lang for min søster og mig. Da ingen i vores familie var tilmeldt boulekonkurrencen, skulle vi først ind til festen tidligt på aftenen.

Efter aftensmaden rejste all fra "Le Peageon" sig fra bordet, bedstemor, bedstefar, vores mor, min søster og jeg, og vi drog så i samlet flok afsted til festen - naturligvis til fods.

Da vi kom frem, fik vi os noget af en overraskelse.

Der var blevet lavet en ny bod, som vi ikke tidligere havde set under vores rekognosceringsekspeditioner dagene før.

Vores øjne formelig sprang ud af deres huler, da vi så, at det var en konditorbod.

Og i boden var der sukkerstænger, karameller, frugtpasta, nougat, Berlingots osv.

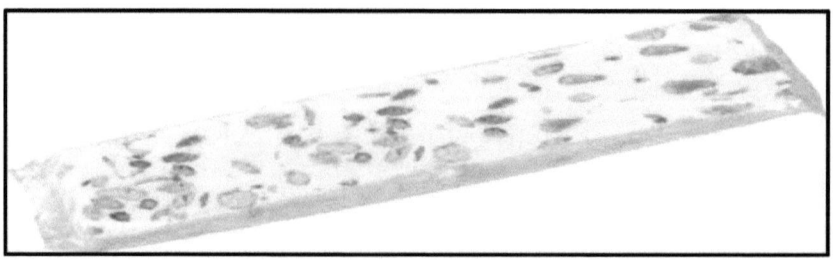

Vores mor kunne naturligvis ikke negligere sine børns ønsker, så hun tog sin taske frem.

Og dér stod vi så, hver med en sukkerstang i hånden!

Jeg vidste ikke, hvorfor en sukkerstang altid havde formen som en rød og hvid stok, men der måtte da være en grund, tænkte jeg.

Det varede mange år, før jeg fik en forklaring, som i øvrig aldrig er blevet bekræftet, men en sukkerstang skulle efter sigende ikke ligne en stok, men i stedet er den et omvendt J.

Og det er J - J for Jesus!

Sukkerstangen er angiveligt skabt til julefesten.

Hvidt skulle symbolisere renhed, og rødt skulle symbolisere blodet, som Jesus Kristus udgød for at tage menneskenes synder på sig !

Familien fandt et sted at sidde, og man bestilte nogle forskellige drinks.

Det var rødvin til de voksne, og det var "Munthe à l'eau" til børnene.

Og så begyndte udvekslingen af høfligheder og snak i forsamlingen, for alle kendte alle, og omfavnelser og rysten hånd var der meget af.

Folk ankom lidt efter lidt, og bistrogården blev fyldt op. Boulespillerne var stadig i gang, og de ville fortsætte til sent ud på aftenen.

Der var mange tilskuere omkring boulebanen, for dette spil var meget populært på egnen.

På hver bane stod to hold á 2 personer, som spillede mod hinanden med 3 boules hver.

Reglerne er meget komplicerede.

Banen er opdelt i 7 zoner.

På alle 4 sider af banen, som jo er et kvadrat, annulleres boules, som ruller ud over disse sider/linjer. Den spiller, som skal kaste den første boule, tager tilløb, og vedkommende må ikke overskride den første linje, dvs. 5 meter, før han slipper sin boule.

Hver boule vejer op til 1,3 kg.

Et spil kan vare længe, og det er grunden til, at konkurrencen afholdes over 2 dage.

Hvert tabende hold har en indhentningssession, hvor man spiller mod andre tabende hold, og vinderne af disse "trøst-kampe" deltager igen i den store konkurrence.

Jeg forlod mine bedsteforældre, som var optaget af at snakke med de andre voksne, og jeg nærmede mig skydeboden.

Skydning var kun for mænd, og hvis man så en kvinde ved skydeboden, var det kun fordi, at en mand over for hende ville bevise, at han var den bedste skytte i verden, så han rigtig kunne imponere hende.

De fleste af deltagerne i skydeboden var unge mænd. Efter at skytten havde fået udleveret en riffel på kaliber 22, var opgaven at ramme små keramiske rør, som brast i tusind stykker, når de blev ramt af kuglen. Disse små rør var hule, og de var omviklet med et stykke ståltråd, som fastholdt et slags postkort, som var dækket med glitter og som glimtede i lyset.

Nogle af kortene var endda pyntet med lyserøde fjer, eller fjer af en anden farve, og som ofte sad de som et hjerte på kortet.

Motiverne på disse kort var altid letpåklædte kvinder, og de vakte naturligvis min nysgerrighed.

Skydeboden var et sikkert og godt sted, hvor de mere uøvede kunne bevise over for sig selv, eller bevise overfor andre, at de var dygtige skytter.

Drevet af nysgerrighed gik min søster og jeg nu over på den anden side af vejen foran Montlahuc-vingården.

Vi skulle jo se, hvad den mystiske runde kasse var for noget.

Ved at sno os mellem de mange mennesker, som dækkede vort udsyn, fik vi endelig svaret på vores flere dages undren.

Der var i alt 12 bure, som samlet dannede en cirkel, og på hvert bur var der anbragt en seddel med et tal - fra 1 til 12.

I disse hvert af burene lå der en gulerod, og intet andet.

Det blev mere og mere gådefuldt.

Nogle af de omkringstående var folk, som skulle spille på et eller andet, og de diskuterede og udvekslede synspunkter vedr. chancer og muligheder.

Da det var tid, lagde de, der ville spille, en franc-mønt på et af numrene på burene.

Spillets ejer fremdrog herefter, og ud af en papkasse, en smuk, lille kanin, som han placerede midt i cirklen, så den have lige langt til alle burene.

Den lille kanin havde nu valget mellem 12 gulerødder - én gulerod i hvert bur - og den tøvede og tøvede.

Den blev opmuntret af spillerne, som råbte "Ikke dér", eller "Gå videre".

Efter et stykke tid, og under uendelig spænding blandt tilskuerne, valgte den lille kanin endelig bur nr. 12 med dens gulerod.

Desværre for spillerne havde ingen af dem satset på bur nr. 12, så der blev ingen vindere i denne omgang.

Da vi kom tilbage til vores bord, og alt imens kvinderne talte sammen, tog bedstefar mig ved hånden for at vise mig "Et spil for mænd", som han sagde.

Bag boulebanen var der anrettet et andet skydespil end det med rifler.

Dette spil bestod af en slags "skyde boules på tomme flasker".

Flaskerne var alle placeret på en 20 cm. høj opsats.

Fra en afstand på ca. 9 meter krævede spillet, at man med tre kugler skulle ramme og knuse 3 flasker.

Kunne man det, var gevinsten en flaske vin fra "Monlahuc", den vingård, som lå 20 m. fra bistroen, og som sponserede spillet.

Bag opsatserne havde man placeret en palisade, som forhindrede kuglerne i at forsvinde videre ud i naturen.

Les boules vejede ca. et kilo hver, og det var ikke noget problem at kaste dem, men det var til gengæld meget vanskelig at beregne, hvor højt man skulle kaste for at ramme, da flaskerne jo ikke stod på jorden.

Det var derfor nødvendigt at kaste kuglerne lidt højt, så de ramte flaskerne, når de faldt ned.

Bedstefar prøvede de tre boules, og da han havde kastet, stod der stadig 3 flasker.

"Ah", sagde han, "Hvis din far havde været her, ville flaskerne ikke stå der og fortsat være hele".

Jeg var stolt af at høre min far blive rost af min bedstefar, og så vendte vi tilbage til vort bord.

De farvede pærer, som dannede guirlander over dansepladsen, tændtes alle på samme tid, og på et tegn fra arrangørerne begyndte orkesteret at spille.

Orkesteret bestod af tre personer - en trommeslager, en anden, som spillede på harmonika, og en tredje, som var en slags multimusiker, som kunne spille både på klarinet og saxofon og endda nogle gange trylle med kastagnetter, når en rasende pasodoble satte ild i danserne.

Den "Bebop", som blev bragt til Frankrig af de amerikanske soldater i 1945, var endnu ikke ankommet til disse fjerne og tilbagetrukne landområder i Provence.

I begyndelsen var der kun 2 eller 3 par på dansegulvet, men de modige danseres eksempel satte hurtigt fut i andre par, og snart var dansegulvet fyldt.

Tangoer, vals og pasodoble blev spillet udi én køre.

Alle så ud til at have det sjovt, og selv min mor blev inviteret til en dans, men jeg er ikke helt sikker på, at hendes kavaler havde forstået, hvilken dans det rent faktisk var.

Efter endnu en Diabolomenthe til børnene, og efter flere glas rødvin til de voksne, var det min søsters og min tur til at hoppe rundt på dansegulvet til stor moro for vores bedsteforældre og for vores mor.

Da vi begyndte at blive trætte, og det blev "Ole Lukøje tid", som man sagde dengang, var det så på tide at gå hjem.
Tilbage på gården kunne vi høre musikken i det fjerne, og det var, som om vi stadig var der.
Vi sov med vinduerne åbne den nat.

Den næste dag, som var den sidste festdag, ville forløbe nøjagtig på samme måde, som den første dag.
Boulekonkurrencen fortsatte, og vinderne af konkurrencen ville blive fundet.
Det var ikke selve trofæet, som var det vigtigste, men det var omdømmet; det at være en stor og anerkendt spiller af "Lyonnaise" som var det vigtigste.

Om søndagen fik vi lov til at køre på cykel til slikbutikken, for at købe gode sager, og derefter vendte vi hjem med en pakke "Carpentras berlingots".

Sent på eftermiddagen skulle vi alle en tur til centrum for at se, hvem der havde vundet boule-konkurrencen, men vi blev ikke til ballet om aftenen.
Vi kunne følge med i festen hjemmefra via musikken, som vi hørte - båret frem til os med blæsten.

Duftene

Det er ubestrideligt, at i Provence dufter der godt.
Hver sæson har sin helt egen duft.

Når min søster, Mauricette, og jeg, krydsede igennem landskabet med vores geder og får, kunne vi ikke lade være med at røre ved planterne i naturen, og de reagerede med det samme ved at frigive deres forskellige parfumerede dufte.

I juni måned, så snart vi nærmede os gyvlerne, kunne vi allerede lugte den søde og stærke lugt, som disse store buske udsendte.
Længere væk, når vi nærmede os den lille bæk, krydsede vi et stykke "Garrigue", og bare ved at strejfe planterne spredte duftene sig omkring os.
Denne blanding af duftspor, men stadig adskilt fra hinanden, rosmarin og vild timian, kunne vi fornemme.

En af de stærkeste dufte, som vi mødte, var, når vi krydsede lavendelrækkerne.
Blot det, at vi gik gennem rækkerne og strejfede stænglerne med vores ben, udløste lavendlernes dufte.
Og hvis vi fik lyst til at plukke en eller to stilke og derefter gnide dem mellem vores fingre, blev denne duft hængende ved os resten af dagen.

Det var noget ganske andet, når vi gik ned i urtehaven.
Lidt væk fra gården passerede vi en laurbærhæk.

Det var ikke en hæk, der som de andre hække havde smukke, lyserøde blomster, og som havde megen duft, men det var laurbærtræet med sine brede, fligede blade, som kunne give aroma til gratiner og til andre retter, som ethvert provencalsk køkken benyttede i sine opskrifter.

Og man skulle nulre dem mellem fingrene, før de afgav en aromatisk duft, som nåede vores næsebor.

I dette smukke hjørne af Frankrig kan antallet af krydderier ikke tælles på hændernes 10 fingre.

I bjergene vokser vild timian, og vi finder dér også vild Marjorie, som ofte bruges til madlavning, og som afgiver en duft af kamfer.

Uden for Provence kender vi også Marjorie under navnet oregano.

Når den vilde timian farver bakkerne lilla i foråret, farver Marjorie dem hvide i de tidlige dage i efteråret.

Når vi i den tidlige vinter gik ud i bakkerne, kunne vi finde "Pieds de mouton" - fårefødder som de kaldes.
Disse små, hvide svampe gemte sig under de små buske, og især under fyrretræerne.

Ved siden af dem fandt vi tørrede blomster, hvis duft ikke i sig selv var speciel, men disse "Immortelles " -

de udødelige - kunne samles og bruges til at lave urtete af.

Måske kunne de nok anvendes, men hvis smagen svarede til lugten, skulle man måske lade dem være, syntes jeg!

Når min mor eller bedstemor sagde til os: "Gå ud og hent fennikel, som vi skal koge sammen med de krebs, som Maurice har fanget i bækken i morges", så vidste vi, hvor vi skulle gå hen.

Fennikel voksede hovedsageligt i grøftekanter langs veje, og fennikel kunne erstattede dild.

Fennikel er grøn om foråret, og den bliver pga. tørken gullig om sommeren, men den overlever fint, og den bliver dækket af gule blomster i september.

Når vi havde plukket fennikel, så duftede vores hænder af anis resten af dagen.

Frøene fra fennikel, tilsat hvidvinseddike, blev brugt som krydderi til fremstilling af syltede agurker.

Den vilde salvie, som vi havde svært ved at finde i bakkerne og omkring floden" Lez", var blandt de planter, som bedstemor sammenkogte nogle eliksirer af.

Disse eliksirer skulle angiveligt give energi.

Salvie havde en duft af kamfer, og hvis man brugte for meget af den i kogte retter, blev retten bitter.

Lindeblomsterne blev også brugt, men med et modsat formål.

Hvis den blev brugt som urtete, gjorde det en søvnig. Nogle lokale sagde, at urtete kunne have to forskellige virkninger, dels som infusion, dvs. at man hældte kogt vand på de friske urter, dels som afkog, dvs. at man kogte urterne i vandet.

Forskellen er enorm!

I urtete, lindrer det, mens det ved afkogning er euforiserende.

Der voksede som sagt en masse aromatiske planter omkring gården, og når vi ikke dyrkede timian og rosmarin, som voksede naturligt få meter fra gården, kunne vi stadig dyrke planter som basilikum, angelica og pebermynte, så vi behøvede ikke at bevæge os rundt i bakkerne for at hente dem, når kokken havde brug for dem.

Lindetræet foran huset duftede også godt, når dets gule blomster dækkede hele træet i slutningen af foråret, og når de senere dækkede jorden med et tykt tæppe i begyndelsen af juli.

Og så var der alle frugttræerne i blomstringstiden.

De udsendte forskellige dufte, og i efteråret parfumerede de luften med deres antydning af moden frugt.

Det er helt sikkert, at duften i hovedstadens gader ikke kan sammenlignes med Provence-duftene, og det er helt sikkert, at vi kom til at savne dem, dengang vi senere flyttede tilbage til Paris.

Epilog

De små historier og erindringsbilleder er bestemt ikke komplette.

Der er sikkert mange andre i mit hoved, men de er blevet gemt og glemt i min hukommelse i løbet af årene.

Måske kommer de frem en dag.

Jeg har hørt, at jo ældre man bliver, jo tættere kommer man på barndommen.

De forskellige minder, som jeg har beskrevet her, står under alle omstændigheder klart i min erindring.

Andre minder dukker op, katalyseret af en pludselig situation eller ved synet af et tidligere besøgt sted, hvor et gammelt billede viser sig i mit hoved.

Det er naturligvis en kendsgerning, at man, hvis man møder nye minder, kommer til at forskyde andre af de gamle.

Jeg har ikke de nøjagtige datoer for de her beskrevne situationer, for mine forældre er døde, og jeg har desværre ikke været nysgerrig nok til at stille dem afgørende spørgsmål, mens de stadig levede.

Da vi forlod gården, boede vi ikke i hovedstaden som planlagt, men vi boede ved slottet i Rambouillet, 45 km. sydvest for Paris.

Min far forlod ministeriet med beklagelse, for "Kampvognregiment 501", var det eneste sted, som havde anstændige ledige boliger.

De militære boliger var blevet oprettet i de kongelige officeres tidligere kvarterer på slottet.

De stammede alle sammen fra det 17. århundrede, og de var blevet bygget af Ludwig d. 13., og de lå i parken 100 meter fra slottet, som var noget ældre.

Anlægget blev oprindelig bygget som en forsvarsbygning i det 15. århundrede, og det var blevet ombygget flere gange.

Den berømte kong François d. 1. - 16. århundrede - som var en stor jæger - indrettede slottet som jagtpavillon, og han kom tit dertil fra sit slot ved Loire og til Rambouillet for at gå på jagt i de store skove, som omkransede slottet.

François d. 1. døde på slottet i året 1547.

De følgende konger har også ændret slottet.

Det gælder bla. også Ludwig den 14. og hans bror Le Comte de Toulouse, og senere under Ludwig den 16 Marie Antoinette fik bygget "La laiterie de la Reine", hvor hun kunne bade i gedemælk.

Napoleon Bonaparte sov i sin sidste nat på slottet, inden han blev forvist til Saint Helena, hvor han døde 9 måneder senere.

Slottet blev efterfølgende præsidentens sommer

residens, og det blev ofte anvendt under de store officielle jagter.

Så mange af disse fine mennesker har i løbet af historien vandret forbi og under vores vinduer, fx

Vincent Auriol, René Coty, den store Charles De Gaulle, og naturligvis alle hans fornemme gæster og konger og præsidenter fra mange lande.

Der er blevet skrevet en del om børnene i "Kasernen af kongernes vagter", som denne bygning var blevet navngivet, når de blev udkommanderet til at stå som æresvagt og til at vinke til berømte gæster til ære for fjernsynet.

De kunne også blive brugt som klappere til at jage flygtende fasaner frem, som Kong Georg den 6. og statsminister MacMillan måtte skyde.

Derefter blev jagtudbyttet udstillet på "Det grønne tæppe" i slottets gård.

Efter de officielle billeder af vildtparaden blev jægerne inviteret til en officiel middag på slottet.

Herefter begyndte for os en helt anden æra, og uden tvivl resulterede det i en del forandringer

Et år efter min lillebrors fødsel rejste min far i en 3 årig periode ud for at deltage i Vietnamkrigen.
Denne gang var han ikke ved fronten, men han arbejdede i hovedkvarteret i Cholon-lejren, et par kilometer fra Saïgon - nu Hô chi Minh by.
Det var her, de store beslutninger om krigen blev truffet.

Min far i 1954 i Indokina

Min bror var 4 år, da vi tog ud til lufthaven for at byde min far velkommen tilbage til Paris.

Min mor sagde: "Hils på din far", og min bror så på ham og sagde: "Bonjour Monsieur"!

For at rejse tilbage til i sin enhed forlod han os igen i to år for at deltage i krigen i Algeriet.

Da han til sidst vendte tilbage til os, træt af hæren og dens begrænsninger, og efter 25 års loyal tjeneste og tre krige, trak han sig tilbage, og han påbegyndte en ny karriere inden for klassisk musikudgivelse i Rue Saint Honoré i Paris.

25 år senere valgte han så sin anden pension - i en alder af 70 år.

i 1950

Forfatteren i 1943

180

Madame Julian i 1975 (min kantine dame i 50' erne)

Vores konfirmation